以《い》無《む》所《しょ》得《とく》故《こ》　菩《ぼ》提《だい》薩《さっ》埵《た》　依《え》般《はん》若《にゃ》波《は》羅《ら》蜜《みっ》多《た》故《こ》
心《しん》無《む》罣《けい》礙《げ》　無《む》罣《けい》礙《げ》故《こ》　無《む》有《う》恐《く》怖《ふ》
遠《おん》離《り》一《いっ》切《さい》顛《てん》倒《どう》夢《む》想《そう》　究《く》竟《きょう》涅《ね》槃《はん》　三《さん》世《ぜ》諸《しょ》仏《ぶつ》
依《え》般《はん》若《にゃ》波《は》羅《ら》蜜《みっ》多《た》故《こ》　得《とく》阿《あ》耨《のく》多《た》羅《ら》三《さん》藐《みゃく》三《さん》菩《ぼ》提《だい》
故《こ》知《ち》般《はん》若《にゃ》　波《は》羅《ら》蜜《みっ》多《た》　是《ぜ》大《だい》神《じん》呪《しゅ》　是《ぜ》大《だい》明《みょう》呪《しゅ》
是《ぜ》無《む》上《じょう》呪《しゅ》　是《ぜ》無《む》等《とう》等《どう》呪《しゅ》　能《のう》除《じょ》一《いっ》切《さい》苦《く》
実《じつ》不《ふ》虚《こ》　故《こ》説《せつ》般《はん》若《にゃ》波《は》羅《ら》蜜《みっ》多《た》呪《しゅ》　即《そく》説《せつ》呪《しゅ》曰《わく》
諦《あてい》　羯諦《ぎゃあてい》　波羅《はら》羯諦《ぎゃあてい》　波羅《はら》僧《そう》羯諦《ぎゃあてい》　菩提《ぼうじ》娑婆訶《そわか》
若心経《にゃしんぎょう》

ガン患者のための
般若心経

発想の転換を求めて

滋賀県大津市
青龍寺住職
桂川道雄

目次

第二章　生死事大

第五章　時不待人　共に歩む　すばらしい仲間　199

ガンに負けない

第六章　仏教興隆　発想の転換を求めて　247

涅槃図（青龍寺蔵）

まえがき

　私は平成二十四年四月に「急性骨髄性白血病」が見つかり、緊急入院しました。入院期間は、約九か月間でした。最初の五か月が骨髄のガン治療。残りの四か月が骨髄移植の治療でした。九か月間の入院が、長いのか短いのか、人それぞれ感想が異なります。一、二週間で退院される人と比べると、長期の入院です。二年、三年の長期治療を続けておられる人に比べると、比較的早い退院であったと考えることができます。比べるモノにより、九か月の時間の長さは、長くもなり短くもなります。白血病を告げられ、主治医に治療方針の説明を受けた時、退院の目処を尋ねました。先生の答えは「二年かかるか、三年かかるか。焦らずに気長に治療を続けましょう」との言葉でした。この言葉は私には「あなたの命はあと二、三年」と聞こえました。骨髄の八十パーセントがガン化しているそうで、抗ガン剤治療で五パーセント以下に抑え込む「寛解《かんかい》」状態を目指しての治療でした。同じガンでも臓器のガンは、患部を切除する外科的治療ですが、私の場合は身体の一部を切除するわけでもなく、元気な時と変わらない状態での入院治療でした。九か月間はほとんどクリーンルーム（無菌室）で過ごしましたので、面会人は家族だけ。それもほとんど家内でした。幸い二年、三年の長期にならずに、九か月で退院することができました。したがって、九か月の入院は、短い入院であったと私は考えています。

退院することができたガン患者は、今度は「再発」という文字が気になります。パソコンで「ガン患者の生存率」などと検索しますと、一喜一憂のデータが出てきます。便利といえば便利なのですが、データを知ったばかりに落ち込んでしまう場合もあります。便利な機械が、穏やかな私達の日常生活をかき乱してしまいます。多様なことを知っている方が幸せなのか、知らない方が幸せなのか、判断は一定ではないようです。パソコンという便利な機械に使われるのか、使いこなしているのか二者択一の問題であるようです。

骨髄移植後、毎日無事に過ごしていたのですが、約一年後、孫から風邪をもらい、「肺炎」の疑いで緊急入院しました。まだまだ雑菌に弱い体質であることを、痛感しました。レントゲンやCT検査、肺にカメラを入れる気管支鏡検査などの結果「器質化肺炎」と診断されました。雑菌を多く持っているであろう孫とは、しばらく面会禁止でした。今回は約五十日の入院でしたが、この五十日の入院が精神的につらい入院でした。九か月と五十日では日にち（長さ）においては、雲泥の差があります。短い方を辛く感じたのですから、不思議な体験をしました。五十日間の入院生活の後半は、朝からイライラの毎日でした。孫にもらった風邪は点滴で抗生物質を投与し、一週間ほどで治りました。その証拠に熱が下がり咳も鼻水も出なくなりました。これで退院と思っていました。しかし、気管支鏡検査の結果は、移植した骨髄が異常な動き（異常な増殖）をして肺の一部を攻撃していたそうです。退院できると思ったその日から、ステロイド投与の治療が始まりました。幸い投薬の効果がありまして、レントゲンやCT検査の結果は良好でした。肺にできた影の進行が止まり、むしろ影が小さくなったのはステロイドの薬のお蔭でした。今度こそ退院と思っていましたが、ステロイドの薬の量が一定のレベルまで下がらなければ退院できないとのことでした。ステロイドを減らすスピードは、一週間に一錠減らすゆっくりとしたスピードでした。この期間が精神的につらい毎日を、過ごしていました。身体は健康体に戻りました。しかし、まだ雑菌に弱い身体ですので、面会には制限がかかっています。体力が衰えないように病院内を歩いて運動と考えましても、ちょうどインフルエンザが流行っていて、病院内は風邪の患者であふれていました。結局一日中、ベッドの上で過ごしていました。

その時にふと思いつきました。「そうだ、『般若心経』の解説本を書こう」「それも、ガンで苦しんでいる人々に向けて書こう」そう考え始めると、イライラしていた気持ちが少し楽になりました。入院中に本のタイトルも考えました。『ガン患者のための般若心経』。立派なタイトルも考えつきました。次は、その本の内容が充実していなければなりません。その評価は最終的には読者の皆さまに委ねるしかないと思いますが、苦しんでいる人、悩んでいる人の心の支えの一助になれば、この本の価値が輝くと思います。

尚、本書の執筆に際し、般若心経の本文をできる限り細分し、それに読み下し、訳、語句解説、説きほぐし（解説）を付けました。さらに、解説を要約した一文も掲載しました。その一文は、私の超現代語訳です。多くの人々に、『般若心経』を身近に感じていただくための挑戦でもあります。特にガン治療で悩み苦しんでいる方が、この一文で元気を取り戻されたら、筆者として至高の喜びです。

構成、編集は

第一章は、釈尊伝と仏教の基礎知識

第二章は、経題と、「空」の『般若心経』

第三章は、「縁起」と「無」の『般若心経』

第四章は、実行、実践の『般若心経』

第五章は、真言、ダラニの『般若心経』

第六章は、私（読者）の『般若心経』

となっています。「閑話」「ガンに負けない」の短文もお楽しみください。

掲載されている写真は、大津、青龍寺に伝わる「涅槃図」です。涅槃図の一部を拡大しますと、人々（動物）が釈尊との別離の悲しみを、身体全体で表現している様子がわかります。いつの時代も別離は、深い悲しみを伴います。しかし、仏の教えを信じて、この悲しみの淵から多くの人々が笑顔を取り戻しました。ガン患者とその家族が本書を読破され、毎日笑顔で過ごされることを信じています。

合　掌

第一章

三《さん》衣《え》一《い》鉢《ぱつ》

お互いに
支え合っている
この世界

三衣一鉢とは

雲水の持ち物について「三衣一鉢」の言葉がある。「三衣」は身に付ける着衣、「一鉢」は食事に用いる食器である。この器は托鉢修行の時、施物（お米やお金）を受け取る器にもなる。これさえあれば生きていけるという雲水の気迫が感じられる。これを生涯厳格に守られたのが、釈尊である。この言葉は、釈尊を示す言葉でもある。

終末医療の意思表示

私は、「老い」や完治が難しい病気などに直面した場合、自己の終末医療に関して、下記の処置を希望します。

1. 全体的な方針：脈を触れ呼吸をしている場合

（　　）**最大の医療**：選択しうる最大限の治療行為
気管挿管、人工呼吸器、心臓マッサージ、集中治療室への入室、胃瘻、透析等の治療行為。

（　　）**過度でない医療**：過度でない無理のない範囲の治療行為
気管挿管、人工呼吸器、心臓マッサージ、集中治療室への入室、胃瘻、透析等の強い侵襲を伴う治療は行いません。

（　　）**緩和ケア中心の医療**：痛みや苦しみを緩和する医療行為
痛みや苦しみを緩和するための医療や看護を中心に行い、自然な経過を重視します。

2. 心肺蘇生について：脈を触れず呼吸をしていない場合

（　　）**心肺蘇生法の実施を希望する**

（　　）**心肺蘇生法の実施を希望しない**

記入日（確認日）

年　　月　　日

住　　所

氏　　名（署　名）　　　　　　　　　　　　㊞

「仏教」の二文字に込められた思いとは？

最初に『終末医療の意思表示』を紹介します。

回復見込みのない状態やひどい苦痛のある状態でも延命治療を、望むのか望まないのかの意思表示の文書です。本人は正常な判断が下せません。正常な判断ができる元気なうちによく考えて自身の意思を残しておく必要があるようです。もちろん家族に、ここに「意思表示」があることを知らせておく必要があります。「終末医療の意思表示」に、ご自身の思いをお書きください。一人暮らしの人は、この本を愛読書としていつも手元に置かれるとよいでしょう。そうすれば万一意識を失って倒れた場合（まだお迎えは来ていません）周りの人が気づいてくれる可能性が大きいと思います。「意思表示」は、あわてて書く必要はありません。この本を読み終わってから、ゆっくり考えて活用されたらよいと思います。この「意思表示」は、入院されている人だけに利用を制限しているわけではありません。もちろん元気な人も大いにご利用ください。

私は寺の住職です。寺で生まれ、寺で育ち、生まれた寺の跡を継ぐ、現代社会において最も多数存在する住職です．意思が堅固で求道心に溢れて出家したわけでもありません。本当に平凡な寺の住職です。現代社会において、多くの寺院では檀家や信者からの布施収入だけでは生活が成り立ちません。だから寺の住職は「二足のわらじ」といって、ふだんは学校の先生や役所の公務員に職を求め「お寺の仕事は日曜日に」と、そうして寺を守り家族を養っていました（不思議なことに、江戸時代の寺院住職は兼職をしていません）。会社員をしながら日曜日に農業に従事する、兼業農家に似ています。私の父（師匠）も「二足のわらじ」をはいていました。子供のころから父の姿を見ていると、本当に忙しく働き回っていました。私はなまくらな性分ですので、大学を卒業して本山の修行が終わった時、就職せずにお寺の収入で生活すると宣言しました。父は私の就職先（私立の学校の先生）を頼んでいたようですが、結局自分の意思を通しました。戦後の混乱期が過ぎて、日本が少し安定し始めた時期でした。だから私は「宮仕えの苦労」も「サラリーマンの悲哀」も体験していません。そんな社会体験の乏しい人物の仏教解説本など、価値が低いと判断されそうです。しかし、「二足のわらじ」をはかなかった分、物事を違う角度から深くゆっくり考える時間はたっぷりとありました。そのたっぷりの時間を有効利用して、筆を進めたいと思います。

子供の頃のお寺の風景ですが、お檀家がお葬式のお願いに来られます。こちらが「二足のわらじ」をはいているのをご存知ですので、あらかじめ心づもりをお願いしますとの気持ちの表れでしょうか。そばで聞いていると、まだ亡くなっていない。病院の先生に「あと、二、三日でご臨終」と言われたのでしょうか。「万一の時はよろしくお願いします」との依頼でした。依頼があると本当に二、三日後、お葬式がありました。私が父の跡を継いで住職になった頃（平成元年）から、この二、三日が少しずつ伸びて、一、二週間になり、一、二か月になり、場合によっては半年という場合もあります。臨終から葬儀までの時間が伸びたのは、医療が格段に進歩したからでしょう。その間の患者さんの様子を家族の方から聞きますと、呼吸器などの機械や点滴のチューブをいっぱい付けていた、治療の途中でそれらを止めるわけにはいかなかった、すぐに回復見込みがないのだが、一度付けたチューブを外すわけにはいかないなどと、延命治療が続いてしまいます。患者はたびたび危篤状態におちいりますが、スペシャル注射や点滴で危機を突破します。しかし意識は戻りません。父の時代（昭和）でも患者は同じように意識がなくなり危篤状態になります。そして口から食べ物が入らなくなったら、二、三日で葬儀という段取りであったと思います。現代は口からエネルギーを補給しなくても、点滴で栄養が補給されるようです。しかしそのエネルギーは心臓を動かす最低のエネルギーです。元気になるエネルギーは、点滴ではなく口から食物として補給する必要があります。回復見込みのない状態になった時、どのような終末治療を望むのか、自身の治療方法を明確に示しておく必要があるようです。どうぞ「終末医療の意思表示」をご活用ください。

　さて、最初に自己の延命治療について考えてもらいました。私達は必ず命の終焉を迎えます。ガン患者だけが命の終焉を迎えるように思っていますが、そうではありません。元気な人もガン患者も、同様に命には限りがあるのです。ただガン患者は自身の身体にガン細胞が存在することを知った時に、自身の「死」を身近な問題として捉えます。愛する人々と別れなければならない（愛別離《あいべつり》苦《く》）一瞬が迫っていることを知ります。気に入らないガン細胞と出会ってしまったわが身の不運を嘆きました（怨憎会苦《おんぞうえく》）。ガン細胞が一度に消滅する新薬が発見されないか望みました（求不得苦《ぐふとっく》）。本当につらく悲しいわが身の問題です。できたら夢であることを願いました（五陰盛苦《ごおんじょうく》）。自分の「死」。考えるのも嫌な問題です。しかし、「死ぬ」の裏返しが「生きる」です。「死」を考えることは、今を生きることを考えることでもあるのです。ガン患者は自身の「死」の恐怖を通して、自分の足元を考え直した人です。元気な人より、生きることや命の大切さを身近な問題として真剣に考えた人です。しかし、ガン患者であるあなただけが、この問題に悩み苦しんでいるのではありません。乱れる心をコントロールして、心を穏やかに保ちたいと願う人々も多く存在します。お釈迦さまの足跡を慕い、喜びにあふれた毎日を過ごしたいと願う人々の存在もあります。自身の「死」を考えるとやはり陰気になります。落ち込んでしまいます。嫌になってしまいます。しかし、ガン患者であるあなた一人が悩み苦しんでいるのではありません。多くの人々も同じ問題で悩み苦しんでいるのです。あなた同様、悩み苦しんだ先輩たちがいっぱいいたのです。その苦しみから抜け出し、幸せに続く道を歩んでいる先輩も多数存在します。自身の「死」を身近な問題として考えた人は、幸せの道を歩むことができる最初の条件を満たす人でもあります。ガン患者は世の中の不幸を一人で背負っている気分ですが、決してそうではありません。多くの先輩も同じように悩み苦しみました。「而今《にこん》」を考えるのであれば、あなたの入院している隣のベッドの患者さんも同じ悩みを抱えて「而今」を生きているのです。あなたは一人で悩み苦しんでいるのではありません。皆と一緒にこの道を探究しましょう。きっと、元気が湧いてくるはずです。

「仏教」の二文字を単に「仏の教え」と読むのか、悩み苦しんでいるこの私が、仏さまのような心の穏やかさを手に入れることができる教え、つまり「仏になるための教え」と読むのか、同じように同じ二文字を見ているのですが、その一日の過ごし方は大きな違いが生じます。その行き着く先の世界は違うはずです。単に「仏教」と呼んだ人は、単なる教え知識として理解したのですが、生活の規範になっていません。悩み苦しみを持って「仏教」の文字に親しむ人は、その悩みを解決することを願っているのですから、教えを自身の生活に活用します。活用することにより足元の悩みが解決するのです。両者を比べるとどちらの道を目指すべきか、結論は明白です。

閑話

死生観と生死観

死生観《しせいかん》と生死観《しょうじかん》。辞書で調べますと死生観は掲載されていますが生死観は掲載されていません。「生死」は、曹洞宗が用いる経典『修証義《しゅしょうぎ》』の冒頭の部分で出て来ます。曹洞宗のお檀家にはなじみ深い文字です。私は曹洞宗の僧侶ですので当然「生死観」が一般名詞だと思っていましたが、一般的には「死生観」を用いるようです。ではどのような違いがあるのでしょうか。一見同じように感じますが、違いを考えてみましょう。

どちらの考えも、命の輪廻を考えの基盤にしています。輪廻とは、ぐるぐる回転をしている様子を示しています。古代インド人は、車輪の回転する様子を見ていて、これは我々の生き死にと同じではないかと考えました。車のタイヤをイメージするとよくわかります。外周部分をなぞりますと、ゴールはありません。無限の長さが存在します（相撲の土俵と一緒です）。車輪の中にいますと、無限の長さ（時間）の世界にいます。無限は、限りがありませんので、それを仏教では、「苦」と捉えました。仏あるいは悟りは、この輪廻から解放された状態を言います。つまり、仏は命の輪廻の影響を受けない状態です。仏でない、あるいは悟っていない私達は、永遠に輪廻を続けているのです。だから、同じ苦しみが繰り返し襲ってきます（出会います）。輪廻は私達の心の動きを説明する具体的な譬え話でしたが、時間の経過とともに死後の世界を説くものになってしまいました。最初は輪廻する世界を天・人間・餓鬼・畜生・地獄と五つに分け「五趣輪廻《ごしゅりんね》」と言いました。さらに人間と餓鬼の間に「修羅」を加えて「六道輪廻《ろくどうりんね》」が形成されました。死後の世界に重きを置くと「死生観」となります。しかし、死後の世界を説かれても、私達にはピンときません。あくまで想像の世界、夢の世界として解釈しています。お釈迦さまは死後の世界は説かれていません。死後の世界より、「而今」の世界、今生きているこの世界を大切にされました。だから「生死観」を説かれたのだと思います。時間の経過とともに、お釈迦さまの主張が逆になってしまいました。多くの人が死後の世界に興味があったのでしょう。あなたは、「生きる」または「死ぬ」、どちらに興味がありますか。

お釈迦さまの生涯

誕生

『般若心経《はんにゃしんぎょう》』を読む前に予備知識としてお釈迦さまのことについて知る必要があります。本の頁に限りがありますので「大略の釈尊伝」です。ご承知のように仏教の開祖は、お釈迦さまです。今から二千五、六百年前のインドの人です。ヒマラヤ山脈のふもと、インドとネパールの国境付近（正確にはネパール領）のルンビニというところでシャカ族の王子として生まれました。当時のインドは、日本の戦国時代のように小国が群雄割拠していました。互いに覇権をめざし、大国が小国を駆逐していました。シャカ族は小国で隣のコラーサ国に従属していました。いつ滅ぼされるかわからない、大変不安定な国の王子として生まれたのです。王子は成長するとともに考えます。「なぜこんな国に生まれたのか」「コラーサ国のような大国の王子に生まれたかった」と。ガン患者が「なぜこんな病気になってしまったのだろうか」「ガンに負けない体質で生まれたかった」と考えるのとよく似た悩みです。王子は生まれてすぐに母を亡くしました。国を取り巻く色々な困難な事柄を見聞きすることにより、一つのことを深く考える思慮深い少年になりました。お釈迦さまの王子時代の性格を表す逸話として『四門出遊《しもんしゅつゆう》』（閑話参照）や『農耕祭の話』（閑話参照）が伝えられています。思慮深い少年であったからこそ、後にお釈迦さまになられ、「仏の教え」が伝わり多くの人々の心の安寧に役立ちました。お釈迦さまも、王子として生まれ、何の疑問もなく王様になる道を歩まれていれば、今日の仏教は出現しませんでした。「思慮深い性格」であったことは、仏教信者である私達には、本当に有り難いことでした。未来は生まれた時にすでに決まっているものではありません。私達の思いや行動で、未来は自由自在に変化するものです。病院のベッドの上にいても、物事を考えるという思考は停止してはいけないようです。

閑話

四門出遊

ある日、お釈迦さまは外出することになり、東の門から城を出ると杖をつき腰の曲がった白髪の老人に出会いました。次に南の門を出ると病人に出会い、西の門を出ると死者をおくる葬儀の列に出会いました。最後に北の門を出た時、修行者に出会いました。その清々しい姿に感動して将来出家して修行者の道を歩むことをひそかに決心しました。老いる、病気になる、そして死を迎える。すべて避けて通れない問題です。その問題解決のために王子の地位を捨てました。出家して、それらを克服する道を歩む決心をしたのです。

閑話　農耕祭の話

農耕祭に出席した王子は、殺し合う命の存在に心を痛めます。農耕祭ですので農民が田畑を耕します。そうすると土の中にいたミミズなどの小動物が現れます。すかさず小鳥が舞い降りてきて、ミミズをついばみます。上空では畑でミミズを夢中で食べている小鳥を狙って、鷲や鷹の猛禽類が飛んでいます。その猛禽類が地上に舞い降りてきたら捕獲しようと、猟師が弓を構えています。それら一連の風景を目の当たりにした王子は悩みます。「なぜ、みんな仲良くできないのだろう。みんな仲良く暮らせる方法はないだろうか」。

青年期に成長した王子は父王のすすめで姫を迎え、子供にも恵まれました。一見幸せな心穏やかな毎日を過ごしているように思われますが、出家の思いは大きくなっていきます。子宝に恵まれたことは、シャカ族の王の後継者ができたことでもあります。出家する環境が整ったことでもあります。お釈迦さまは二十九歳の時、ただひとり城を後にして出家の道に進まれました。お釈迦さまの出家の動機を促したのは、『四門出遊』に出てくる北門のバラモンの姿です。この姿にお釈迦さまは憧れて出家したのです。お釈迦さまを感激させたバラモンの姿とは、いかなる姿であったのでしょうか。考えるだけでワクワクします。出家の動機は、バラモンの後ろ姿（勝手に想像していま す）だけではありません。老人の姿も病人の姿も葬送の行列も、ミミズも小鳥も…。お釈迦さまの出家は、本人ひとりの行動ではありませんでした。そこに到るまでに多くの出会いがあり、多くの影響を受けての結果のかたまりでした。どの一つが欠けても、出家は完成しませんでした。

出家と修行

お釈迦さまの出家の動機は、人間の「生・老・病・死」の問題を解決するためのものでした。深夜ひそかに城を抜け出し故郷を後にしました。当時多くの修行者が集まっていた場所である、マカダ国のラージャグリハ（王舎城）に行きました。そこで修行生活に入りました。ひそかに城を抜け出したのだから「出家」ではなく「家出」と主張した人がいました。どちらも家を出ることに関しては同じですが、その志は大きく違います。家出は自己中心的な考えであり行動です。住んでいる家を飛び出し逃げるようにして行方をくらまします。出家は自己中心的な考えを排除し、人々のためにと考え行動します。一切の欲望を捨て去り、一定の住まいを持たない生活です。当時の修行法には二種類が存在しました。一つは、精神を統一して心静かに過ごす禅定《ぜんじょう》（坐禅）です。もう一つは断食などの肉体を痛めつける苦行です。お釈迦さまは最初に禅定の修行に入られました。坐禅をしている間は不安や苦悩を克服できるのですが、坐禅をやめると不安や苦悩が出てきます。そこでお釈迦さまは苦行の修行を試みることにしました。それは命をかけての修行でした。断食修行では、骨と皮だけにやせ、眼は落ちくぼみ、肌の色は墨色のようで、生きているとは思えない状態であっ

た と伝えられています。後にお釈迦さまは苦行の様子を「過去、現代、未来のいかなる修行者も、私がなした苦行以上の苦行をしなかったし、またしないであろう」と語っています。しかし、苦行は心の穏やかさを与えてくれませんでした。それどころかますます心をかき乱すものでした。王子の時は父王や召使いにねだれば、何でも手に入る享楽的生活でした。苦行はその享楽的生活の反対に位置する生活であることに気づきました。お釈迦さまは人生の両極端の生活を体験されたのです。

成道

出家して六年が経過していました。お釈迦さまは、苦行からは得るものがないと、苦行を捨てることにしました。近くの河で身を清め、村の娘スジャータ（乳製品の会社の名前の由来）から乳粥をもらい体力の回復をはかりました。お釈迦さまと一緒に修行をしていた仲間は、その様子を見ていて「お釈迦さまは堕落した」と思い、お釈迦さまと別行動をとりました。最大の理解者である仲間と意見の相違で仲違いした状態です。それも多勢に無勢。こちらは一人でした。それでもひるむことなく初志貫徹。十分体力を回復したお釈迦さまは、近くの大きな菩提樹のもとに行き「悟りをひらくまで、決してこの座を立つまい」と決意し、禅定に入られました。禅定は両足を組む坐禅（結跏趺坐《けっかふざ》）です。坐禅をしても雑念から逃れることができませんでしたが、坐禅を続けていると自然と心の乱れが解消され、穏やかな心の平安が訪れました。「決してこの座を立つまい」と決意してから八日目の明け方でした。夜明けに明星がきらりと輝く瞬間、お釈迦さまは悟りを得ることができました。仏陀となられたのです。お釈迦さま三十五歳。お釈迦さまのお悟りを「成道《じょうどう》」と呼んでいます。

閑話

お釈迦さまの呼び方

成道の瞬間「仏陀」になられたのですから、それ以前は何と呼んだらよいのでしょうか。話の途中で呼び方が変わるのも不自然ですので、私は「お釈迦さま」と統一しました。お釈迦さまの幼名は「ゴータマ・シッダルタ」です。シャカ族出身の尊い人と尊敬をこめて「釈尊」「お釈迦さま」とも呼ばれています。仏陀の別称は、覚者、目覚めた人。経典（如来十号）を引用すると

如来《にょらい》（真理に従って完全な状態を得た人）
応供《おうぐ》（供養を受けるにふさわしい人）
正遍知《しょうへんち》（正しく悟った人）
明行足《みょうぎょうそく》（知恵と行為を備えた人）
善逝《ぜんぜい》（完成した幸福な人）
世間解《せけんげ》（世の中のことをよく理解している人）
無上士《むじょうし》（最高の人）
調御丈夫《じょうごじょうぶ》（人を指導することに巧みな人）

天人師《てんにんし》（神さまと人間の師）
仏世尊《ぶつせそん》（めざめた人）
時代の経過とともに多様な呼び方が存在します。宗旨、宗派により尊称が違います。それぞれの宗旨、宗派の都合主義で呼び名が異なるようです。しかし、お釈迦さまの実態は、どのように呼びかけようが変わりません。私は曹洞宗に属しますので「南無釈迦牟尼仏」とお呼びしています。

成道された日は十二月八日です。お釈迦さまの成道を讃えるお参りを「成道会《じょうどうえ》」と呼んでいます。お釈迦さまは、明けの明星がきらりと輝く瞬間に悟られました。「大地有情《だいちうじょう》　同時成道《どうじじょうどう》」と声を発せられました。お釈迦さまの悟りは、お釈迦さま単独の悟りではなく、世の中の多くの命も同時に悟ったのだと言われたのです。お悟りの内容を説明し始めますと、煩雑になりますのでここでは、お悟りの言葉を覚えておいてください。成道会は十二月ですので冬場です。星が出ていたのですから天気は快晴。当然空気は澄みわたっています。日の出前が気温の一番下がる時間帯です。気持ちと身体をしっかり保たないと心が萎えてしまいます。夏場ではなく冬場であったことが幸運だったと思います。もし夏場に同様に菩提樹の木の下で坐禅をしても、同様の結果が生じなかったと思います。お釈迦さまの成道も単独で生じたのではなく、多くの事柄が「成道」を成し遂げる作用をしました。

今から考えると、一緒に修行をしていた仲間とあの時突然修行の方向性の違いで袂《たもと》を分かちましたが、結果的に単独になり相手を気にせずに坐禅に集中できたと考えると、あの別行動は十分に意味のあった行動です。やはり多くの事柄に支えられての「成道」であったことが分かります。

萎えない心

私は「白血病」という骨髄のガンでしたので手術ができませんでした。臓器のガンはその部分を切除する手術ができます。もちろんガンのステージによります。開腹手術をしても転移が著しいと臓器の切除を回避するそうです。手術をすればすべての患者が回復に向かうわけではありませんが、手術は回復への大きな第一歩です。ガンの部分を切除すれば手術の傷口が癒着し、糸を抜糸すれば退院のめどが出てきます。骨髄のトラブルで血液内科に入院している患者の治療は、ひたすら点滴で抗がん剤を体内に入れる治療です。一週間に二、三度血液検査がありその血液のデータがすべてです。抗がん剤は点滴で体内に入ります。血液のデータの結果で治療の点滴が増減します。血液内科の患者は、入院が長期になります。点滴棒にぶら下がっている色とりどりの点滴液を眺めていると、外科的手術ができるガン患者をうらやましく思いました。心が萎えないようにしっかりと毎日を過ごすことが求められます。手術をした患者も再発の恐怖があります。再発してもあきらめないで、治療に挑戦しなければなりません。やはりガンに負けない萎えない心を持ち続けなければなりません。お釈迦さまの成道も三度目の方向転換の末に手に入れたものでした。最初に仲間と一緒の禅定。肉体を傷めつけて苦行。仲間と別れて単独の禅定。お釈迦さまも一つの目的を達成するために何度も挑戦し続けられました。私達もガン治療をあきらめないで続ける必要があるようです。

説法

お釈迦さまは悟りの内容を人々に伝える必要があります。その悟りの素晴らしさを人々に教える義務があります。そうしないとせっかく苦労して手に入れた「悟り」が、お釈迦さま一代でまた消え去ってしまいます。そのためには「悟り」の内容を人々に説いて聞かせる必要がありました。それが布教伝導です。説法、説教、法話、ありがたいお話等呼び方は多様です。お悟りを手にしたお釈迦さまは、初めは人々に理解してもらうことは困難であろうと、布教伝導をあきらめるつもりでした。しかし、梵天《ぼんてん》という神が現れ、布教伝導を勧めます。「人々の苦しみを救うために自信を持ってさあ立ち上がれ」。梵天のこの言葉に勇気を得てお釈迦さまは一緒に修行していた仲間に「悟り」の内容を語ったのです。かつての仲間はベナレスという町の郊外サルナート（鹿野苑）にいました。苦行を放棄したお釈迦さまの話など聞こうともしませんでした。しかしお釈迦さまの真剣さ、情熱、威厳（言葉では表せない迫力であったでしょう）に打たれ、しだいに耳を傾けるようになりました。悟りへの道は「中道」であることを宣言したのです。世俗的な享楽主義や極端に身体を痛めつける苦行主義を否定するモノでした。中道を歩み続けることでお釈迦さまは「悟り」を得ることができたのです。その悟りの内容は「法、ダルマ、真理」と呼ばれ、その教えを耳にした仲間は次々と悟りを得ることができました。そしてお釈迦さまの最初の弟子になりました。悟りを開かれたお釈迦さま（仏）と悟りの内容（法）とそれを静かに聞いている人々（僧）の三様が見事に一体となった瞬間でもありました。三つのモノ、どれが欠けても以後の仏教は成り立ちません。誠に貴重な有り難い瞬間です。仏教徒にとって大切な出来事ですので、この三つのモノを「三宝」あるいは「仏法僧の三宝」と呼んでいます。この最初の説法を「初転法輪《しょてんぽうりん》」と呼んで大切にしています。初転法輪までの一連の動きの中で、私は梵天の存在が気になって仕方がありません。梵天が一生懸命に布教を勧めた故事を「梵天勧請《ぼんてんかんじょう》」といいます。この勧請がなかったら、以後の仲間との出会いも仏法僧の三宝も初転法輪も存在しません。梵天とは如何なる存在なのでしょうか。そして、梵天の故事は何を意味しているのでしょうか。私の考えた結論を先に申しますと、梵天の存在はお釈迦さまの心の迷いのように思います。真理を得てもこれは人々に理解してもらえないとネガティブ状態に対して、梵天の存在はポジティブ状態の自己です。ネガティブかポジティブか、心の中の迷い揺れを梵天という存在で表現しているのだと思います。真理を手に入れたお釈迦さまといえども最初の一歩の踏みだしには迷いがあった。この迷いは、私達に大切なことを教えています。私達も日常生活で常に迷いが生じます。どちらの道を歩むべきか、どちらを選択すべきか、迷ってばかりです。お釈迦さまでも迷いが生じるのだと考えると、私達が迷うのは当たり前です。私達が愚痴や不平を言うのは当たり前のことだと気がつくはずです。初めから完全な人はいません。初めから百点満点の人は存在しません。揺れ動く自分の心と、十分に対話をしてみる必要があるようです。

ガンに負けない

自己のコントロール

困難に立ち向かっている時、自分が自分を励ます場合があります。欲望に振り回されている時、ふと我に返り冷静な状態に戻る場合もあります。この自分をうまくコントロールすることが、できるかできないかでは、行き着く先は大きく違います。仏教はこのコントロールを大切にします。大切にするというより、コントロールを身に付けようとします。欲望や愚痴、怒りを消滅させることは困難です（お釈迦さまでも迷いが生じました）。それらの消滅を目指すのではなく、それらがこれ以上広がらないようにコントロールすることを、目指した方が現実的です。入院中の人は、自身の心の動きを自分自身でコントロールしなければなりません。不平不足を言い出したらいくらでも出てきます。不平不満の言葉の次には、イライラするストレスが心を支配します。ストレスは世話をしている人に辛く当たり、その人の心を傷つけてしまいます。十分わかっている心の動きですが、実践、実行には困難がともないます。「失敗は成功のもと」と最初から完全な人は存在しないと割り切って、自身の足元を点検する必要があるようです。

涅槃

お釈迦さまは、ガンジス河の中流地域を中心に布教伝導をされました。八十歳で入滅されるまで、四十五年間の布教の旅でした。その間に多くの弟子や信者が集まりました。竹林精舎や祇園精舎という名の建物も建立されました。仏教教団は大きくその勢力を広げたのです。しかし、お釈迦さまを中心とする初期の仏教教団は、お釈迦さまの入滅という節目を迎えることになります。八十歳の高齢になられ「老い」を感じられるようになりました。ある日、一人の信者から食べ物の供養を受けられ、それにより激しい下痢を起こされました。弟子たちと同じものを食べ、お釈迦さまだけが病気になったのですからやはりご高齢で体力が弱っていたのでしょう。自身の「死」の近いことを感じられたお釈迦さまは、クシナガラの沙羅双樹《さらそうじゅ》のもとに身体を横たえました。そして最後の説法をされました。紀元前三百八十三年二月十五日でした。この日をお涅槃《ねはん》の日（涅槃会《ねはんえ》）と呼んで大切にしています。

閑話

自灯明《じとうみょう》、法灯明《ほうとうみょう》

弟子たちよ、私の終わりも近づいた。別れることをいたずらに悲しんではいけない。世は無常である。会うものは必ず別離の悲しみがある。これがこの世の約束である。

今後、自己を灯明とし、自己を所として、他人を所とせず、法を灯明とし、法を所として住せよ。

比丘《びく》らよ、すべての現象は衰滅無常のものである。放逸ならずして目的達成のために努めよ。

お釈迦さまの教え

お釈迦さまの生涯を簡単に説明しようと思っていましたが、結構手間取りました。『般若心経』の解説は何時になったら始まるのですかと質問を受けそうです。もう少しお付き合い願います。次に説明したいのは、お釈迦さまの教えの内容です。これも予備知識として正確に知らなければなりません。土台がしっかりしているので、しっかりした信仰が確立されるのです。建物に譬えるのであれば、建物の基礎は水平にしっかりと造り上げます。基礎をいい加減に造っておいて、その上にいくら立派な家を造っても住みにくい家になります。欠陥住宅で補修や再建築の手間がかかります。

閑話

三階建ての家

昔、ある長者がいました。ある日、友達が家を建てたので見に行くことにしました。その家は三階建てで立派な建物でした。特に三階からの眺めがすばらしく、いつまで眺めても飽きることのない眺めでした。その時長者は考えました。「そうだ、私の財産は彼と同じくらいあるはずである。私も望めばこれと同じくらい高く、景色のよい建物を建てられるはずである。そうすれば毎日、三階からの眺めを楽しむことができる」と考えました。早速家に帰り大工を呼びました。「あそこの家のように三階建ての立派な家を造ってほしい」と頼みました。すると大工は土地を測量して、地ならしをして土台の部分を造りはじめました。長者は大工が下の方から造りはじめるのを見て不思議な顔をしました。

「大工さん、今何をしているのですか」

「はい、今は基礎工事をしています」

「いや、私が頼んだのは、そんな下の部分ではない。三階を造ってもらいたい。早く一番上を造ってほしい」

「そんなわけにはいきません。まず土台をしっかり造り、それから一階を造り二階を造ってから三階を造ります」と大工が丁寧に説明しても、長者はどうしてもその理由がわからず、聞き入れようとしませんでした。

何事も基礎をしっかりと修練していると、上達は早まります。しかし基礎の修練は面白くありません。地味でわかりきっていることの繰り返しです。私達はこの基礎の修練で音を上げてしまい、結局は目的を達成することができないようです。「急がば回れ」「ローマは一日にして成らず」。基礎の大切さを説く格言は、数多く存在します。仏教（仏になるための教え）も基礎の考え方を正しく理解していただきたいと思います。ところで、この長者さんは三階建ての家を手に入れることができたのでしょうか。少し考えていただきたいと思います。手に入れることができたと考えた人は、辛抱強い人です。大工さん（他人）の忠告に耳を傾け、基礎工事、一階部分二階部分の工事を気長に眺めて待つことができる人です。ただし、社会的チャンスとは、縁が薄いかも知れません。そんなにじっくり構えていては、チャンスは過ぎ去ってしまいます。逆に、長者さんは三階建ての建物を手に入れることができなかったと考えた人は、自己愛が強く、一点に集中して物事を成し遂げる人です。社会の成功者で富も地位も手に入りますが、周りの人々を傷つけていることに気づきません。意見が合わなかった大工さんを解雇する羽目になります。結局工事途中の建物が残ります。

あなたはどちらのタイプの性格ですか。二つ並べると、辛抱強くの生きざまが正しいとイメージします。はたしてそうでしょうか。そんなことはない、日々の努力が大切だ。仏教は、コツコツ努力する人が報われるはずだ。他人を傷つける生きざまは良くないと説いているといわれそうです。しかし、仏教では、それを断言していません。それが証拠に、コツコツ努力型のあなたもガンの病魔に襲われました。社会の成功者のあなたもガンの病気になりました。この現実を、どのように理解し、どのように受け入れますか。努力型の人は病院のベッドの上で、「コツコツ真面目に過ごして損をした。こんなことであれば、一発逆転を狙って無茶をすべきであった」と考えるでしょう。物事を成し遂げた成功者も、「この私がなぜ、ガンに襲われたのか。他人を傷つけた報いか。そんなことであれば、コツコツ真面目に努力すべきであった」と悩み苦しみます。私達は苦境に立たされた時、過去を振り返りそれまでの生きざまを否定するようです。そして失敗した失敗したと悩み、さらに苦しみを増大させているようです。お釈迦さまは、人生、何が正解であり何が不正解であるか。そんなに簡単に結論は出ませんと、示されています。そうです。人生そんな単純なものではありません。人生の正解など存在しないのです。強いて言えば、あの時それぞれの道を自己責任で選択したのです。自己責任で選択したと考えると、追い詰められてあれこれ文句を言っている自分をもう少し冷静に眺めることができます。少し冷静になれば、少し違った結論に出会えるかもしれません。

閑話

チャンスの神さま

チャンスの神さまって、ご存知ですか。その姿に特色があるようです。前髪はふさふさしていますが、後ろ髪が無いようです。だからチャンスの神さまを捕まえようと思ったら、通過する前、つまり前髪をしっかりキャッチしなければならないようです。通過してから追いかけても、後ろ髪はありませんので、捕まえることができないそうです。何となくイメージすることができます。何となく納得することができます。しかし、忙しいですね。一瞬も気が抜けません。多くのビジネスマンは、この過激なチャンスの神さまの襲来に体調を壊し、野戦病院送りです。体調を壊しても大丈夫、次のフレッシュなビジネスマン戦士が補給され、過激な戦場に送り込まれます。そう考えると、チャンスの神さまって何でしょう。人々を不幸に導く存在なのでしょうか。

教え①　永久と永遠

「我が巨人軍は永遠に不滅です」。プロ野球の長嶋選手の選手引退セレモニーの言葉です（若い世代は長嶋選手を知りませんので長嶋選手の説明からしなければなりません）。でもこの有名なフレーズは正しくは「我が巨人軍は永久に不滅です」と言ったようです。翌日のスポーツ紙が永久を永遠と誤植したようです。だから私達の記憶に「永遠」と残っているようです。永遠と永久。どこが違うのでしょうか。同じようなイメージを持っていますが永久磁石、永久歯、野球では永久欠番と用いますが、永遠磁石、永遠歯、永遠欠番とは用いません。どうも微妙なニュアンスの違いがあるようです。不滅は『般若心経』に用いられています。「不生不滅　不垢不浄　不増不滅」。意味は「あらゆるものは『空』であるから、生じることも滅することもない。浄不浄の区別も増えた減ったの悩みも存在しない」となります。不滅を永遠と理解するのか、永久と理解するのかのこだわりです。もう少し永遠と永久の語源を探りますと「永」の意味は「まがりつつどこまでものびるさま」とありました。「遠」は、とおい・無限を意味します。「久」は、いつまでも限りなく続くと解釈するようです。どうやら「永遠」には限りがあり「永久」には限りが無いようです。仏教用語で「無間地獄《むげんじごく》」があります。無間地獄の寿命は「一中却《いっちゅうこう》」と示され人間の寿命に変換しますと三百京年の長さです。まさに無限の時間です。私達にとって非常に長い時間ですが、限りがある時間です。逆に「久遠《くおん》の釈迦」という仏さまの存在が説かれています。六道輪廻のしがらみから解放された状態を「仏」と呼ぶのですが「仏」の状態になりますと六道の世界に生まれ変わることはない。永久に仏のままであると考えます。仏教では悩みや苦しみがあふれている世界を「此《こ》の岸《きし》」と呼び、心の穏やかな世界を「彼《か》の岸《きし》」と呼んでいます。そして「仏」となるために私達は此の岸から彼の岸に渡ろうとしているのです。まがりつつどこまでものびている一筋の道を歩み続けているのですが、この道は「永久」に続くのではなく、遥か彼方へ続く遠い道ですが、いつかは到達することができる道なのです。この道を歩むと時間がかかるかも知れないが必ず目的地に到達することができるよと仏教は説きます。歩いても、歩いても永久に歩いても到達は不可能ですと言われると、おそらく歩むのをあきらめて（ギブアップ）しまうのではないでしょうか。やはり歩む励みの希望を残しておかねばならないようです。

　ところで巨人軍が「永久に不滅」か「永遠に不滅」かのこだわりですが、巨人ファンにとっては「永久」に優勝し続けることが願いですから「永久に不滅」になります。まして九連覇の偉業を成し遂げた野球界の成功者は当然「永久」と上から目線の言葉が出ます。少しトゲのある言葉を使いましたが、私は中日ファンです。打倒巨人を合言葉に毎年挑戦し続けてやっと願いがかなったその時に、長嶋選手の引退セレモニー。巨人を倒した中日の偉業が吹っ飛んでしまいました。中日ファンにとって、巨人軍だけが「永久に勝利」では困ります。少し感情的な言葉になりました（反省）。その後の巨人軍の歩みは永久あるいは永遠状態を維持することができませんでした。「巨人、大鵬、卵焼き」ともてはやされた状態から「江川、ピーマン、北の湖」と嫌いなモノの対象に数えられることになってしまいました。名選手、名監督にあらずと世間の評価は厳しいものがありました（中日の落合監督は例外）。常勝巨人軍は私達に常に勝ち続けることは不可能であることを教えてくれました。それが永久の真理です。

教え②　無常の教え

仏教では同じ状態を保ち続けることはできない。常に変化していると説いています。それを「無常」と言います。「無常」は、常でないことを示しています。物事は常に変化していることを示しているのです。「永久に不滅です」と叫んでみても、無常の立場から眺めますと、「そんなことはありえない」と逆に叫びたくなります。私達は、無常の言葉から鴨長明《かものちょうめい》の『方丈記《ほうじょうき》』の冒頭が連想されます。

ゆく河の流れは絶えずして、しかも、もとの水にあらず。よどみに浮かぶうたかたは、かつ消えかつ結びて、久しくとどまりたるためしなし。世の中にある人とすみかと、またかくのごとし。

蓮如上人《れんにょしょうにん》の『白骨《はっこつ》の御文《おふみ》』も有名です。

朝には紅顔ありて、夕には白骨となれる身なり。既に無常の風来りぬれば、すなわち二の眼たちまちに閉じ、一の息ながく絶えぬれば、紅顔むなしく変じて……。

私達がイメージしている無常は、滅び行く方向の無常観です。『方丈記』では栄華を極めた平家一門が「驕る平家も久しからず」と見事に滅亡していく様を記しています。『白骨の御文』では、わが命のはかなさ、命の消滅を説いています。消滅する方向の無常をイメージしています。「命あるものはいつかは滅し、形あるものはいつかは崩れる」これが無常の世の姿であることは事実です。しかし、こんな後ろ向きの解釈であれば、人々に感動を与える教えにならなかったと思います。同じ信じるのであれば、心が明るくなる教えの方が楽しいではありませんか。元気で頑張っている人に、滅び行く未来を説いて聞かせても、聞く耳を持たないでしょう。命のはかなさを説き、自分の死について考えてくださいと回答を迫っても、考えたくないと拒否されます。どうも私達が無常を理解する時、滅び行く方向または命の消滅と理解している、この解釈の第一歩が違っているようです。

ガンに負けない

気合より自問自答

入院して手術や抗ガン剤投与の治療を受けているということは、ガンに負けずにまた元気になって社会復帰をしようと考えているからです。患者は何もかも嫌になってしまう自分を、ガンに負けないぞと自らを奮い立たせ、病室では、退院できる日を楽しみに、毎日、毎日を過ごしています。そんな患者に「人生は無常であり、命あるものはいつかは滅し、形あるものは……。」などと見舞の言葉を残したら患者は落ち込んで気分が悪くなります。見舞客は「元気を出してファイト、ファイト」「病は気からというでしょう」と元気が出る言葉をかけます。気分が落ち込む言葉より元気の出る言葉の方が有り難いのですが、ガンは気合だけでは治らないのも事実です。だから見舞客が帰ったら、高揚していた気分がいっぺんに萎えるのです。気合で物事が解決するのであれば、武道の先生は怖いもの知らずで、人生を闊歩できるはずです。ガンの病気になったらエイヤーッとガン細胞を蹴散らし、死期が迫っても気合で寿命を延ばし続けられるはずです。そんな屁理屈を並べてみてもガン治療は続きます。同じ抗ガン剤治療でも患者が前向きな気分で治療を受けると、抗ガン剤に効き目が良いと聞きます。同じ治療を受けるのであれば、後ろ向きの気分より、前向きの気分で治療を受けたいものです。それには自問自答。自分で自分の心のチャンネルを切り替える必要があるようです。えーっと、チャンスの神さまの姿は……。

では無常をどのように解釈したらよいのでしょうか。結論を先に述べますと、無常の解釈をマイナスのイメージからプラスのイメージに、理解を百八十度変えていただきたいと願っています。この本を出版した動機でもあります。一般の人々がいだく仏教に対するイメージ、お寺に対するイメージは、無常観を通しておそらく「死」であろうと思います。事実、多くの人は、ある人の「死」を通してお寺や僧侶と出会います。葬儀や法事のお参りで経典を手に持ち仏の教えを知ります（表面的ですが）。長きに亘り、お寺サイドで「死」をマイナスのイメージで説き続けてきましたので、多くの人々が無常をそのように理解しているのは当然です。我々僧侶の責任でもあります。「愛別離苦」と愛する人とは必ず別離のひと時が巡ってきます。二人の関係が永久（永遠）に不滅であれと願うのですが、こちらの思い通りにはならないのが現実です。だから「苦」という字が当てはまります。

自分の足元を点検してみると何一つ思い通りにならない、これが人生を歩んできた感想です。まさに苦しみの連続でした。仏教はその苦しみを百八十度転換して「苦しみでない」と理解しようと発想の転換を迫ります。確かに、愛する人（モノ）と別離の苦しみが存在しますが、愛する度合いにより悲しみの衝撃波は異なります。愛情の深さにより別離の苦しみは異なるのです。私の大切な○○ちゃん、急に死んでしまった。大急ぎで病院に運んだのですが手遅れでした。悲しみで食べ物も喉を通らない。愛するモノ（人）との別離の悲しみを一生懸命に表現されますが、よく聞いてみると○○ちゃんはペットの動物。そのペットの動物がイヌやネコであればまだ付き合えるが、ペットが爬虫類のトカゲやヘビであれば同じ別離の悲しみであるが、第三者はついていけない。人間も動物も命の重さには変わりがないはずであるが、対応は立場や状況で大きく違うようです。私達の対応はいつも一定で依怙贔屓《えこひいき》していないと思っていますが、こちらの都合で対応は変わっているようです。自分の人生の足元は苦しみの連続であるとみていますが、こちらの対応で足元の状態は変化するのではないでしょうかと、仏教では皆さまに問いかけるのです。まさに発想の転換を迫ります。硬直した思考回路を打ち破ろう、固定観念を捨てようと呼びかけているのが『般若心経』なのです。

では、変化しない状態を求めよう。そうすれば愛する人との別離には出会うことはない。そのように念じて時間が止まったとします。「常住」の状態です。幸せなあなたは楽しい時間を謳歌できるでしょう。この幸せは変わることなく無限に続くのですよ。こちらの心に「もうあきてしまった。もう十分です」と叫んでもまだまだ続くのですよ。幸せが途中から苦痛になってしまっています。逆に苦痛や苦悩の最中に時間を止めてしまったら、そこから脱することを願っている人々の希望を奪ってしまいます。この痛みが永遠に続くと考えると嫌になってしまいます。嫌になっても「常住」ですからまだまだ続くのです。私は白血病治療のためにクリーンルームに九か月間入院していました。この入院が「常住」であれば精神がおかしくなっていたかもしれません。いつかは良くなり退院できると考えるから今、今日というひと時、クリーンルームで過ごせたのです。勝手に時間を止められたら大いに困ります。「常住」の世界では、幸せな人も幸せに飽きてしまい、苦悩を持っている人は一刻も早い回復を願っているのに改善しない。皆が文句を言っているではありませんか。何が原因であったでしょうか。それは無常を常住にしたことに原因があります。無常を無常のままに受け入れる。それが一番良い対応であるようです。具体的には、同じ間隔で動いている時計の針を、自分の都合で速くしたり、遅くしたりしないことです。各自の足元を点検すると、同じ間隔で動いている時間が存在するではありませんか。それは、依怙贔屓することなく皆と同じ間隔で動いています。無常は命の消滅も説いていますが、同時に命の成長も説いているのです。いや無常は、命の成長の部分にスポットを当てて理解すべきです。

閑話

「空」の捉え方

無常を「ゆく河の流れは絶えずして、しかももとの水にあらず。」と『方丈記』では表現しています。「ゆく河」が時間の流れであり、無常を示すのであれば、その河の流れを止めることはできません。「水よ止まれ、水よ上流に戻れ」と扇であおいでも、水は一定の速さ（法則）で下流に流れていきます。私達の私情や都合が入り込む余地がないのです。『般若心経』ではその状態を「空」と説いています。「空」はカラッポの状態ではなく、一定の法則がぎっしり詰まっていて、私達の都合が入り込む余地がないことを示しています。

教え③　縁起の教え

縁起とは「縁《よ》りて起こる」ことです。判ったようで判らない意味です。しかし、この言葉は日常生活でよく用いています。「縁起がいい」「縁起が悪い」「縁起をかつぐ」等です。イメージ的には、縁起というものがあり、その縁起にはラッキー、アンラッキーの色がついていると考えています。できることなら、幸せいっぱいのラッキーなご縁とたくさん出会いたい。アンラッキーのご縁はいりません。ラッキーに出会えるように「縁起をかついで」努力していますよ。これが、私達が縁起と付き合う時の心構えのようです。お釈迦さまの説く「縁起」はそんな単純なモノでしょうか。

お釈迦さまは「縁起を知る者は法（真理）を見る。法を見る者は縁起を見る」と、縁起はお釈迦さまの教えの根幹をなす教えであることを示されています。そんな重要な教えを簡単にかつぐ（縁起担ぎ）ことができるのでしょうか。どうやらもっと深い意味が存在するようです。もう少し詳しく縁起を調べてみましょう。お釈迦さまは言葉を変えて縁起をこのように説明されています。

「これあるがゆえにこれあり。これ生ずるがゆえにこれ生ず。これなきがゆえにこれなし。これ滅するがゆえにこれ滅す」

言葉を変えた方が、かえってわかりづらくなったと言われそうです。前項でプロ野球の巨人軍に登場していただきましたので、再び登場していただいて話を進めます。

巨人軍は常勝軍団でした。とにかく九連覇したチームですので、強いチームでした。逆に考えると九連覇の間は、常に負け続けた他のチームが存在したということです。負けチームの代表格は阪神。このチームは公式戦が始まるまでは威勢がよい。公式戦すべて勝つ気迫を持っています。が、あきらめも早い。公式戦が始まり、少し負けが多くなると、ファンの話題は、次のシーズンの優勝の話題に切り替わっている。阪神ファンは、目先の勝ち負けにこだわらない。巨人ファンのように勝利にガツガツしない。負け惜しみの言葉がいくらでも出てきます。話が横道にそれそうです。巨人軍が存在するためには、阪神の存在が不可欠です。阪神だけではありません。セリーグの他の五球団の存在も不可欠です。それだけではありません。パリーグの球団が無ければ日本シリーズが成り立ちませんので、パリーグの存在も不可欠です。球場に足を運ぶファンの存在が無ければ球団の経営が成り立ちません。ファンを球場まで運ぶ交通手段が無ければ。野球道具を作る人の存在も不可欠です。茶の間のファンの存在も大切です。そんなことを考え出したら、きりがありません。巨人軍はあらゆるものと関連していることがわかります。巨人軍だけではありません。巨人軍を阪神軍に置き換えると阪神の存在価値がよくわかります。縁起の言葉を思い浮かべてください。

「これあるがゆえにこれあり。これ生ずるがゆえにこれ生ず。これなきがゆえにこれなし。これ滅するがゆえにこれ滅す」

「縁起」の考え方は他との関係において単独で存在することはないと説いているのです。常勝軍は常敗軍の存在によって成り立っている。常敗軍がいなければ常勝軍の存在もないと、縁起では説いています。勝つ、あるいは負けるの二つのチームは互い（相互）に相手の存在がなければ存在しません。相手の存在はとても大切な存在です。私達は、相手の存在などじゃまだ。相手さえ存在しなければ真っすぐに進めるのにと、愚痴を言います。縁起の世界においては、互いに依存していると考えるのですから、相手との調和を考えなければなりません。世の中、単独では生きることができないと自覚し、他との調和を考える。それが縁起の世界を生きぬく智慧です。自分一人の力で生きているのではなく、生かされているのだと発想を変えると、「縁りて起こる」この縁起の二文字が身近な教えになります。

私達は、「縁起をかつぎ」自分の都合のよい状態を作り出そうとしますが、縁起はそんな簡単なモノではありません。縁起とは何か。もう少し詳しく縁起を見てみましょう。縁起を三つのシチュエーションに分けて考えることにしましょう。

①他と比べる考え

②持ちつ持たれつの考え
③蒔けば生えるの考え
①の考えは、論理的相互依存関係。論理的な縁起です。プロ野球の名監督・野村克也は選手時代に「長嶋茂雄はひまわりの花、私は月夜にひっそりと咲く月見草」と二人の性格、立場を示す名言を残しています。野村克也は他と比べることにより自身の立場を鮮明にしようとしています。ひまわりの花に負けないように「月夜に」「ひっそりと」と形容詞を重ねて自身を強調しています。ひまわりの花は立派だけれど、月見草もけなげに懸命に咲いているよ。どちらの花も素晴らしいではないかと問いかけているのです。野村克也の真意がここにあるのです。
②は、空間的相互依存関係。連鎖の考えです。「人」の文字を例に挙げれば、二本の棒はお互いに支え合っています。相手を支えることによりわが身を支えてもらっています。二本の棒に優劣は存在しません。互いに大切な存在です。ひまわりの花も月見草という花が存在するから輝くことができるのです。世の中の花すべてがひまわりであればひまわりの価値はなくなります。逆に月見草もひまわりの花が輝くからその存在価値が上がるのです。ひまわりと月見草は互いに支え合っているのです。私達はここですぐに優劣を付けようとします。縁起の世界では優劣を付けることが役目ではありません。優劣は私達が勝手な思い込みのレッテルを貼ろうとしているのです。それが迷いの第一歩でもあるのですが、②の縁起はひまわりの花、月見草の花、それぞれ素晴らしい花であると説いているのです。
③は、時間的相互依存関係。因果論です。時間は逆回しできないことを説いています。時間は過

去、現在、未来と流れているのです。普段はそのように理解しているのですが、失敗が続くと私達の心の中に、迷いの考えが出てきます。「失敗した、何とかならないか」と過去ばかり振り返り悔やんでいます。過去にさかのぼり時間を止めているのです。現在という「而今《にこん》」はあまり大切にしません。気持ちはこの先の未来に跳んでいます。「この先どうなるか心配だ」。未来の事柄を憂いています。未来は現在という「而今」を積み上げて未来に到達するのです。「而今」はどうでもよい、未来だけ大切と主張しても成立しないことを知るべきです。閑話の「三階建ての家」の話が思い浮びます。③の縁起は、物事は時間の経過とともに変化することを説いています。過去の種蒔き、現在の手入れ、未来の収穫と考えることができます。過去の原因、現在のご縁、未来の結果です。因果の世界は正しくは「因・縁・果の世界」と言えます。縁起を通して「今」を大切に取り扱いましょう。「今」を精一杯生きましょうと呼びかけているのです。

ガンに負けない

家族と持ちつ持たれつ

縁起の考え方では、一方的に支えるという状態は成立しません。必ずお互いに支え合っていると考えます。入院してベッドに拘束されていますと、一方的に支えられていると思いがちです。しかしよく考えると、入院しているあなたの身に急激な変化が生じたとすると、家族の皆は心配でたまりません。心は穏やかではありません。まして危篤状態（縁起が悪くて申し訳ない）になれば、家族は仕事や勉強などを打ち捨てても一番に駆けつけます。入院しているあなたがベッドの上で懸命に家族を支えているから、皆は仕事や勉強に励むことができるのです。仏教の説く「縁起」は、このように考えるのです。

私は白血病で九か月間、クリーンルーム（無菌室）で過ごしました。治療中は雑菌に弱い体質になりますので、面会に制限がかかっています。面会時間は、午前と午後の一時間。それも入室は一人だけ。クリーンルームに入るにあたっては、面会人は手洗い、うがい、マスクや防護服の着装が求められます。クリーンルームに入るだけで時間がかかります。私の場合は主に家内が午前、午後と顔を出してくれました。面会が毎日続くとさすがに毎回足を運ばせるのも悪いと思いました。「大丈夫だから明日は顔を出さなくてもよい。身体を休めなさい」と言っても次の日、午前、午後と面会に訪れます。九か月間、欠けることなく毎日続きました。面会時間の一時間、話をする話題があるとあっという間に過ぎていきます。しかし九か月間、毎日二回の面会では、話題の尽きる日もあります。そんな日は、家内は面会用の椅子に座ってウトウトと居眠りです。疲れている様子がわかります。そんな家内の様子を眺めていますと、ゆったりとした空気、穏やかでぬくもりに溢れた空気が、病室いっぱいに漂っているように感じました。クリーンルームで一方的に家内の世話になっていると思っていましたが、私も家内の幸せを支えていると実感しました。その証拠が安心しきった顔でウトウト居眠りしている家内の姿です。

仏教的発想では、一方的に支えるという状態は存在しません。必ず支え合っているのです。家族と支え合って、ガンという難敵に立ち向かっているのです。家族の存在を改めて考えてみましょう。

第二章 生死事大《しょうじじだい》

一度きりの
人生
楽しく歩もう

真理を求める志の強さを表している。「生き死に」の問題は重大であるが、死後の世界は、今の私達には不明の問題である。不明の問題に対するこだわりを捨てて、目の前に存在する「而今」を大切にと、訴えている。苦悩の多い現実からの逃避を願うのではなく、苦悩の原因を考えるのが仏教信者である。思考回路を停止することなく、物事を注意深く考えろと説いている。

経題

『般若心経』は、日本人にとって親しみやすい経典ですが、その内容に関してはあまり理解されていないようです。『般若心経』は英語に翻訳されていて『心の経典（The Heart Sutra）』として有名です。スティーブ・ジョブズやジョン・レノンの愛読書でもありました。日本人は言霊《ことだま》の民族ですので、『般若心経』を経典としてお仏壇の前で唱えたり、そらんじることで満足するようですが、欧米人はその内容に興味があるようです。なぜそのような違いが生じるのか不思議ですが、どうやら一神教と多神教の民族の思考回路の違いが大きく影響しているようです。『般若心経』は、「空」や「無」の言葉を用いて、固定概念を打ち破り、私達に発想の転換を求めています。一神教の人々にとって固定概念を打ち破る思想は、新鮮な発想だったと思われます。多神教民族である日本人は、「和」という言葉で理解しています。いや理解するより、身についているのです。だからわざわざ学ばなくても、日常生活をうまく営むことで、『般若心経』の心は理解できていました。でも、社会の絆が希薄になってきた現代において、多神教民族である日本人も、今一度『般若心経』を学び直すのも大いに価値のあることだと思います。

最初に経典のタイトルです。『仏説摩訶般若波羅蜜多心経』『摩訶般若波羅蜜多心経』『般若心経』

『心経』と多様な呼び名があります。曹洞宗では「摩訶般若波羅蜜多心経」と唱えます。仏教では、私達の生きている世界を「此岸（しがん）」と呼びます。理想の世界を「彼岸（ひがん）」と呼びます。此岸は「娑婆《しゃば》」ともいい、迷いと煩悩に満ちた世界です。反対に彼岸は、悟りの世界で煩悩の炎が消え去った状態、つまり仏の世界です。この此岸と彼岸の間には、大きな川が存在すると考えました。そして、この川をどのように渡るかが、大きなテーマになりました。『般若心経』は、この川の渡り方を説いた経典ともいえます。タイトルの文字を説明する前に、一つの物語を思い浮かべてもらいたいと思います。それは芥川龍之介の『蜘蛛《くも》の糸《いと》』です。地獄で苦しんでいた主人公カンダタは、お釈迦さまが垂らしてくれた一本の糸に気がつきます。その糸は、地獄（此岸）から極楽（彼岸）へ導いてくれるロープでした（『般若心経』の大きなテーマでもあります）。カンダタは、蜘蛛の糸を頼りに登り始めるのですが、途中で気が付きます。自分の後から大勢の人々が同じように登ってきます。カンダタは叫びます、「この糸は俺の糸だ。そんなに大勢つかまると糸が切れてしまうではないか。お前たちは降りろ」。その瞬間、蜘蛛の糸はプツリと切れてしまいます。

この物語は、『般若心経』の立場をよく表しています。「他人の幸せのことなど関係ない。（そんなの関係ないというギャグが流行りました）。自分一人の幸せが大切だ」と考えるのが、此岸の人間の発想です。「いつでもどこでも皆と一緒」と考えるのが彼岸の人間（仏）の発想です。『般若心経』は、発想の転換を求めているのですから、当然此岸的発想から彼岸的発想の転換を求めています。

摩訶《まか》

苦楽を共にする仲間の存在

【読み下し】 摩訶（まか）

【訳】
偉大な（教え）
他と比べようもない（教え）

【語句解釈】
語源はサンスクリット語（古代インド語）の「マハー」で、音を漢字に置き換えると「摩訶」になります。「マハー」は、「大きい、多い、優れている」という意味です。

説きほぐし（解説）

芥川龍之介の『蜘蛛の糸』に登場する、お釈迦さまの垂らした糸は、何人ぶら下がっても切れる糸ではありませんでした。蜘蛛の糸は細くて切れそうなのですが、摩訶の文字が示す立派な優れたロープだったのです。では、カンダタの行動はどこが間違っていたのでしょうか。カンダタは自分一人が助かればよいと、エゴイズムを出してしまいました。カンダタもそれなりに一生懸命に、ロープを登っていたのです。あの時一息ついて、振り返ったのが間違いの元でした。振り返らずに登り続ければ、話の展開は違っていたはずです。カンダタは、菩薩さまのように他人を優先して、自分は一番最後から登ろうという動きもできたはずです（できないから地獄に居るのだともいえます）。多くの人がぶら下がっても切れない糸だと理解していれば、安心して登れたはずです。やはり私達にとって、生きているうちに『般若心経』を正しく理解することは大切なことだと思います。カンダタの立場で考えると、あそこで糸が切れたことは事実ですから、悔やみ続けていても仕方ありません。気持ちを切り替えて、次回のチャンスを待つしかありません。ゆったり、のんびり、チャンスを待ち続けるのです。イライラしてもチャンスの鍵はお釈迦さまがもっているのです。人生のチャンスはたった一度と理解している人は、気の毒な人だと思います。だって「仏の顔も三度まで」と三回も仏さまは、チャンスを用意してくれているのです。カンダタの心の中に芽生えた「自分だけ」の心を排除して、仏さまや菩薩さまのように「皆と一緒に」の心を大切に育てたいものです。皆と一緒に苦楽を共にして、次のチャンスを待ち続けましょう。

一人で待つより、皆でワイワイ言って待つと、楽しく時間を過ごせそうです。日頃ライバルだと考えている相手は、実は苦楽を共にする仲間なのです。そのように自己の心を転換するのは、あなた自身の舵さばきの問題です。

「仏説」の二文字が付いている『般若心経』も存在します。「仏説」とは読んで字の如く、仏さまが説かれた、つまりお釈迦さまが説かれた教えであると示しています。が、読み進めていくと明確になりますが「観自在菩薩説」の『般若心経』です。なぜ「観音さま説」が「お釈迦さま説」になったのでしょうか。本文でゆっくり説明していきたいと思います。

般若《はんにゃ》

ぶれずに歩むことは困難
困難だから面白い

【読み下し】 般若（はんにゃ）

【訳】
仏の智慧。正しい智慧。

【語句解釈】
サンスクリット語の「ジャーニャー」が「般若」と音写されました。語源は「ものすごく知る」つまり、「仏の智慧」になります。

説きほぐし（解説）

般若は、「智慧」を意味します。『般若心経』が智慧の経典といわれる所以でもあります。智慧は実生活に役立ててこそ智慧であり、役立てなければ単なる知識です。後から「ああすればよかった。こうすればよかった」と考えると「下種《げす》の後知恵《あとちえ》」になってしまいます。世間の評価は、カンダタが「振り返らなければよかった」「皆を先に登らせればよかった」と、後から後悔しても遅いよといっています。仏教の立場の評価は、この反省が大事であると、説いています。よく考えると、失敗の体験があるから成功の喜びがより大きいのです。人生の王道ばかりを歩んでいる人は、成功の喜びを味わうことができません。だって、成功することが当たり前で、当然と思っているからです。「人生、困難の連続だから逆に面白い」と腹をくって、困難を楽しみたいものです。困難を回避するために、仏教に奇跡を求めることは、間違いです。仏教では、人間にもともと具わっている智慧に訴えかけて、その智慧で問題を解決しようとします。智慧とは、発想の転換です。『般若心経』から引き出さなければならないのは、正しい智慧であり、その智慧を「般若」といいます。

閑話

般若湯《はんにゃとう》

どの業界でも「隠語」が存在します。ストレートで表現するのではなく、同じ言葉を聞いても、仲間だけが裏の意味を理解できます。「般若湯」も業界の隠語です。その業界は、お寺さんの業界です。仏教の戒律に「不酤酒戒《ふこしゅかい》」があります。お酒を飲んではいけないという戒律です。酒は酔っぱらって自己を見失いますので、禁止項目になったと思いますが、酒に強い人もいますので、不酤酒戒は、お酒に飲まれてはいけないと拡大解釈されてしまいました。でも大っぴらにお酒を飲めませんので「般若湯」と隠語を使っていました。お酒ではなく「智慧の湧く水」という解釈です。般若湯は日本酒のイメージです。この業界の人々も血糖値が気になりますので、「あわ般若（ビール）」「イモ般若（焼酎）」「よう般若（洋酒）」と、どんどん隠語が増殖中です。

波羅蜜多《はらみった》

アイドルも時間の経過とともに色あせる

【読み下し】 波羅蜜多（はらみった）

【訳】
彼岸に渡る
（仏の智慧で）向こう岸（彼岸）に渡ります

【語句解釈】
波羅蜜多は、古代インド語で「パーラーミター」と言い、「渡る・到彼岸・向こう岸に到る」の意味があります。

説きほぐし（解説）

波羅蜜多は、此岸《しがん》から彼岸《ひがん》に渡ることです。此岸は、苦悩に満ちた私達が生きている現実の世界です。一方、彼岸は、苦悩の存在しない理想の世界、悟りの世界です。彼岸に渡るとは、幸せになりたいと願い続けることです。向こう岸に渡るには、渡るための船が必要です。一人乗りの船で渡るか、たくさんの人が乗れる大きな船で渡るか、方法は様々です。一人だと彼岸に着くまでに何もかも一人で仕事をしなければなりません。人並み外れた体力と忍耐力、孤独感に打ち勝つ精神力が必要です。凡人には遠く及ばない境地です。スーパーマンのみが向こう岸に渡れて、多くの人々は脱落してしまいます。これが南伝仏教の示す「彼岸に渡る」方法です。それに対して北伝仏教は、たくさんの人が乗れる大きな船を用意しました。その船の目的地さえはっきりしていれば（正しいという概念)、乗り込んでいても安心です。船内の仕事も皆で手分けして賄えます。苦しい仕事も皆でワイワイおしゃべりしながらこなした方が、楽しく仕事が進みます。だから北伝仏教では、たくさんの人が乗れる大きな船を考えました。それが北伝仏教の考え方であり、『般若心経』の立ち位置です。当然、皆さまにこの船に乗ることを勧めています。

しかし、無理をして向こう岸に渡る必要などない。此岸に留まれば、楽しいことも多いよと誘惑のささやきも存在します。彼岸の存在など忘れて、お気に入りのアイドルと楽しいひと時を過ごした方が、有意義な時間が過ごせるよ。今風のアイドルは、握手もしてくれて、話もできる庶民派ですよ。船に乗っても結局仕事を押しつけられて、いやいや仕事をしなければなりませんよ。此岸に留まるようにと、誘惑の言葉は尽きません。

さて、どちらの言葉に賛同して、行動しますか。身体は一つですので、選択も一つです。私達は両方の良いところだけを手に入れたい、楽しみたいと考えていますが、残念ながらそれは無理です。どちらにしようか迷っているうちに、時間は容赦なく過ぎていきます。あっという間に、若者は老人になります。あっという間に、人生の終焉を迎えます。アイドルもあっという間に、色あせてしまいます。彼岸に渡る乗船権（乗船券）は、自分自身の手の中にあることに気づくべきでしょう。

心経《しんぎょう》

キャンバスに描かれた餅では空腹は解消しない

【読み下し】心経（しんぎょう）

【訳】

核心のお経

「空」を理解できる経典

【語句解釈】

タイトルの最後の言葉です。心は「核心・心髄」の意味で、仏教の核心を表した「経典」であると示しています。

説きほぐし（解説）

『般若心経』の文字が示す、核心とは何でしょう。『般若心経』は、私達に「空」を教えていますので、「空」を理解することが「肝心」であるようです。空とはどのような状態でしょうか。本文を読み進めますと、しだいに明らかになりますが、簡単な譬え話で解説を試みます。

例えば、列車の中で騒いでいる子供がいたとします。列車の中で少し休もうと考えていた私は、騒いでいる子供の声がじゃまで、休むことができません。私は騒いでいる子を、憎たらしい子供と感じています。しかし、子供の親は、元気で活発な子と感じています。同じ現象をそれぞれの立場で異なった解釈をしているのです。そして各自の立場で、善悪の判断を下しています。その判断は、自分の都合というフィルターがかかっています。少し冷静な人は、相手の立場も想像して、自分の解釈が絶対正しいとはいえないことに気がつきます。気がつかない人は、自分の主張のみを声高に叫びます。正義は自分にあると思っていますので、その声は大きくなります。子供が騒ぐのは親の躾がなっていない。親も同罪に悪い。親達も黙ってはいません。子供が騒ぐのは当たり前。雑音が気になるのなら、女子高生のおしゃべりも注意しろ。飴玉を食べながら大声でおしゃべりしているおばさんを先に注意しろ。それぞれが文句を言い出したらきりがありません。話が横道にそれだして、収拾がつきません（横道も楽しいものですが）。とりあえず、子供が騒いだという現象を「空」と決めましょう。「空」はカラッポの状態ではなく、一つの現象が確実に存在しているのです。その存在は、自分の都合を差し挟む余地が無い状態です。その「空の状態」に対して自分の都合で、良く思ったり、悪く思ったりしているのです。確かなことは、今のあなたの解釈が絶対に正しいとはいえません。ここでは「空」は、カラッポ状態ではなく、確かな現象が隙間なく詰まっている状態を、イメージしてください。「空」の中身は、ぎっしり詰まっていますので、自分の都合で「空」の中身を変更することができないということを理解してください。「空」の正体は、本文を読み進めていきますと、しだいに明らかになると思います。

『般若心経』が説く世界を知識として理解しても、それは単なる物知りです。知識を自分の生活に役立てるという行動が加わることによって、知識が信仰の生活に昇華します。仏さまの前で、心静かに手を合わせることを「合掌」と知識として知っていても、実行しなければ仏さまは単なる美術品扱いです（私は、博物館の仏さまの扱いに不満があるのでこのような書き方になります）。ご飯の前には手を合わせて「いただきます」と合掌をする。知っていても実行しなければ、知らないことと同レベルです。まさにキャンバスに描かれた餅状態です。どんなにおいしそうに描かれても、その絵は人々の飢えを癒すことはありません。

繰り返しになりますが、先のカンダタは、どうすれば救われたのでしょうか。『般若心経』のタイトルから考えますと、糸が切れないことを信じて、皆と一緒に声を出して励ましあいながら、登り続けるべきでした。『般若心経』の主題は、般若（優れた）の智慧によって、（皆で）向こう岸に渡ろうと呼びかけているのですから。

観自在菩薩《かんじざいぼさつ》

自由になると不自由がなつかしい

【読み下し】　観自在菩薩は

【訳】　観音さまは

観音さまがお釈迦さまに代わって教えを説く

【語句解釈】　観自在菩薩と観世音菩薩とは同義語です。観自在には、自由自在に何でもできる能力が存在する意味があります。

説きほぐし（解説）

『般若心経』は、「観自在菩薩」の言葉で始まります。観自在菩薩と観世音菩薩とは同義語です。通称、観音菩薩、観音さまと呼ばれています。『般若心経』は、古代インドの都市、王舎城の郊外「霊鷲山《りょうじゅせん》」で説かれた経典です。『般若心経』が説かれた時、霊鷲山ではいつものように、お釈迦さまは静かに坐禅をされていました。お釈迦さまの周りには、観音さまや舎利弗《しゃりほつ》などの多くの弟子達が集まっていました。舎利弗がお釈迦さまに「般若波羅密多の修行はどのようにしたらよいでしょうか」と尋ねました。ちょうどその頃、般若波羅密多の修行をされていた観音さまは、お釈迦さまに代わってこの質問に答えて、『般若心経』を説かれたのです。観音さまが舎利弗に対して『般若心経』を説き終わった時、そばにおられたお釈迦さまは「その通りである」と言われました。『般若心経』は観音さまの言葉で説かれていますが、それは同時にお釈迦さまの言葉で説かれていると解釈します。

行《ぎょう》深《じん》般《はん》若《にゃ》波《は》羅《ら》蜜《みっ》多《た》時《じ》

【読み下し】　般若波羅蜜多を深く行ずる時

一本のバラに恋心を託す

【訳】　観音さまが真実を認識して説明する時深く禅定には入り

【語句解釈】
「行」は、行動、実践の意味。「深」は、奥深い、深いの意味。合わせますと、観音さまは頭で理解したことを、身体で実践することの大切さを示している。

説きほぐし（解説）

「講談師、見てきたようなウソをつき」と、あまりにもなめらかに語られると、聞いている時は気がつかなかったが、あとで冷静に考えると矛盾点が存在する。それほど話に説得力があったということです。同類語に「説教師、見てきたようなウソをつき」の言葉があります。ウソは良くありませんが、相手を説得させる力は大いに学ばねばなりません。

『般若心経』は、観音さまが舎利弗を説得する場面から始まります。同時に読者も説得されるのです。今まで説得された人数は…と考えると、気の遠くなる数になります。と言いつつ私は読者の皆さまを納得させる必要があります。

『般若心経』の核心は、冒頭の「行深」の二文字が的確に示しています。深く信じて実践する。迷いなく行動をする。ただひたすら一筋の道を歩む。多様に「行深」を訳せます。どの訳も実際の動きを求めています。命令だけでは物事は成就しません。成し遂げようという行動が伴うから、物事が成就するのです。私達は頭で理解しますと、すべてを成し終えた気分になり、行動力が弱くなります。幸せになる方法を知っていても実行、実践しなければ足元は変化しません。『般若心経』は、理解したことを実践することを求めているのです。

仏教に対して懐疑的な読者の皆さまを説得するには骨が折れます。あせらずボチボチと『般若心経』を読み進めていきましょう。

照見五蘊皆空《しょうけんごうんかいくう》

【読み下し】五蘊は皆空なりと照見して

規則に従うか　規則を破るか
すべては自己責任

【訳】

人間を構成する五蘊には、実体がない。あらゆるもの（五蘊）は、本来「空」であると悟られた

【語句解釈】

古代インドでは人間を構成するものを「五蘊」と考えました。五蘊とは、身体である色、心あるいは精神を示す受・想・行・識です。古代インド人は、人間はこの体と心の五項目で構成されていると考えました。

説きほぐし（解説）

人間は五つの要素（五蘊）でできあがっていて、それらは「空」であると説いています。よく考えるといきなりの爆弾発言です。では「空」とはどんな状態でしょうか。あなたのイメージする「空」と観音さまがイメージしている「空」が一致しているのか、最初の大きな問題です。イメージが一致していますので、相手の言葉を理解することができるのです。一致していなければどこまでも平行線で、議論はかみ合いません。では観音さまや仏教が主張する「空」とは如何なるものでしょうか。

人間の身体は五蘊でできあがっている。その五蘊はある一定の法則に従って動いている。その状

態を「空」と主張します。私達は「空」をカラッポ、何もない状態、欲も迷いも消え去った状態を想像しています。そうではなくて、「空」の中身はぎっしりと詰まっているのです。ぎっしり詰まっているので、あなたの私情は入り込む余地がありません。だから「空」と表現したのです。「空」のイメージは、カラッポではなく、中身はギッシリ詰まっているとイメージしてください。

「自分探しの旅に出る」「私らしさとは」などの言葉が流行っています。自分を追い求めます。『般若心経』では一切のモノは、実体がないと説いていますので、自分を追い求めても無駄な行動です。では、どのような行動が求められるのでしょうか。それは「行深」の行動です。具体的には坐禅を指示しています。観音さまは、坐禅修行をして心の平安を得ることができました。私達も釈尊伝で学んだはずです。お釈迦さまも坐禅をして問題解決の道を得ることができたのです。私達も坐禅を通して、心が穏やかになる境地を味わいたいものです。

肉体と精神である「五蘊」をもう少し細かく観察しますと、色・受・想・行・識の五項目に分類することができます。

「色」は、カラーではなく「形あるもの」を意味します。読みは「シキ」です。私たちの身体（肉体）や草や木もすべてのモノが「色」です。色は、時間の経過とともに変化していきます。一輪の花が満開になり、やがて枯れてしまうことをいっているのです。

「受」は、感覚や感情です。一輪の花から受ける影響です。「きれいな花だな」と感じることです。

「想」は、印象や想像のことです。一輪の花が「きれいな花」であると、心に焼きついて離れないことです。

「行」は、意思や習性。自身の好みも含まれます。きれいな花を手に入れたいと願うことです。「識」は、意識のことで、一輪の花を思う、心の動きを示しています。

「五蘊」の内容は、「色」は肉体、「受・想・行・識」は心の働きを示しています。繰り返しになりますが、『般若心経』は、五蘊は「空」であると冒頭に結論を示している経典です。

閑話

「空」の病気

ある日、風が吹いて寺の幡《はた》がそよいでいました。二人の僧が、これについて議論していました。一人は「幡が動くのだ」といい、もう一人は「風が動くのだ」という。議論が繰り返され、一向に決着を見ません。禅の指導者は「それは風が動くのでも、幡が動くのでもない（非《ひ》風《ふう》非《ひ》幡《ばん》）。お前たちの心が動くのだ」と断を下しました。

幡が動いても、風が動いてもどちらでも構わないのですが、相手を説き伏せようとしたことが、混乱の原因です。物事は本来「空」なるものですから。

「すべては実体がなく変化しているのだ」と説明すると、「それなら、はじめから何もしないほうがましだ」と考える人がいます。それは「空」の病気にかかっています。

私たちは、他から影響を受けて、他に影響を与えている存在だと気づくと、今なすべき行動は…。

度一切苦厄《どいっさいくやく》

苦しい時だけ神仏を思い出す
都合の良い友達みたい

【読み下し】 一切の苦厄を度し給う

【訳】
すべての苦しみを越えて、一切の苦を解決された

【語句解釈】
「度す」は、「渡る」と同じ意味を示す。超えることであり、向こう岸に渡ることも意味する。

説きほぐし（解説）

観音さまの誓願は「一切の苦厄を度す」と示されています。「一切」とはどのような範囲なのでしょうか。観音さまを一生懸命に拝んだ人と観音さまをないがしろにした人とでは、救済に差があるのでしょうか。観音さまに差し出した供物の分量によって、救済には差があるのでしょうか。もしも、皆さまが僧侶である私にこの質問をぶつけられたら、回答に頭を悩ませる問題です。一生懸命に信仰をされた方は、救済に差がなければ信仰をした甲斐がないといわれます。では、その信仰心は何で計るのでしょうか。供物の量（お金）ですか。それでは結局、お金持ちが救われるのでしょうか。するどい質問が立て続けに私にぶつけられそうです。救済どころか、相手に苦しみや迷いを与えてしまいそうです。ここで「縁起の教え」を思い浮かべてもらいたいと思います。月見草も

ひまわりの花もそれぞれ素晴らしい花であることを知りました。それを比べることが、迷いの第一歩であることも知りました。そこからこの「一切」を導き出しますと、私が差し出した観音さまへの供物。隣の人の供物と比較するから、迷いや苦悩が生じるようです。比べることを止めた時、私の供物は「一切」の状態になります。観音さまサイドの問題ではなく、供物を差し出す、自分自身の問題なのです。

　では、観音さまはどのような順番で私達を救済されるのでしょう。また同じレベルの疑問です。信仰心の篤い人から、供物の多い人から、と考えるのは観音さまの本意ではありません。「縁起の教え」の立場から考えると、縁のある人から順番に救済するということです。救済の順番はランダムです。観音さまの立場から考えると、依怙贔屓のない救済が続いています。依怙贔屓のない救済を私達が色眼鏡をかけて、優劣をつけようとしているのです。いや優劣をつけて悩み苦しんでいるのです。どうやら、悩み苦しみの原因は、あなたの心の中に存在しているようです。

　次に「苦厄」について考えてみたいと思います。仏教の説く苦は「四苦八苦」と示されています。四苦とは、生・老・病・死の四項目。八苦とは、この四苦に、愛別離苦《あいべつりく》（愛する人と別れる苦しみ）、怨憎会苦《おんぞうえく》（恨み憎む人と出会う苦しみ）、求不得苦《ぐふとっく》（求めても手に入らない苦しみ）、五陰《ごおん》盛苦《じょうく》（尽きない苦しみが続く）の四項目を合わせます。前半の四項目は肉体的苦悩です。後半の四項目は精神的苦悩です。肉体的苦悩は全ての人が等しく受ける苦悩です。精神的苦悩は個人差があります。全ての人が等しく受ける苦悩とは、ちょうど地球の引力のようなものです。日頃、私達は引力により浮かばないように引っ張られているとは感じていませんし、考えてもいません。意識しないのに引力は、確かに存在します。生・老・病・死の四項目も、日頃意識をしていませんが、引力のように生まれてから今まで、常に影響を受けてきた存在です。引力を意識しないように、生・老・病・死の四項目を意識しない状態を保てばよいのです。生・老・病・死の四項目は、苦しみではなく「当たり前」と解釈すべきでしょう。前半の四項目は個人差が存在しませんでした（引力のように）。後半の四項目は個人差があります。愛別離苦といっても愛情の深さにより別離の衝撃波は違います。多くの人は、「命は平等で同じように取り扱うべきだ」と主張されます。確かにその通りです。しかし現実は違います。仮にご主人との別れがあったとします（奥さんでもかまいません）。自分のご主人と隣の家のご主人とでは、同じ悲しみではありません。どちらも同じ重さを持ったかけがえのない命ですよ。怨憎会苦も求不得苦も個人差があります。それから受ける衝撃波には違いがあります。同じビールでも馬が合わない人が注いだビールは飲む気になりません（怨憎会苦）。かわいいあの子がビールをグラスに注いでくれないだろうかと望んでも（求不得苦）叶わぬ夢です。同じビールでもこちらの気分、コンディションで常に変化しているのです。逆に、変化しないように一定の状態に保つには、こちらの気分を一定に保つ必要があります。そのように考えると、後半の四項目は、自身の心をコントロールすることで克服できる苦しみであるかもしれません。「一切の苦厄を度す」という観音さまの言葉にすがりっぱなしで、私達は、何のアクションも起こさない。そして「ご利益がない」と不満や愚痴ばかりを言っているように思えてなりません。「一切の苦厄を度す」という言葉の真意は、観音さまの願いが世の中には充満していることを示しています。だから自身の心をコントロールして、安心して向こう岸を目指して歩み続けましょう、と言っているのです。向こう岸に向かって歩む姿は、観音さまに向かって手を合わせているあなたの後ろ姿です。毎日の生活態度が重要なようです。

ところで、お釈迦さまが日頃皆に教えておられていた生活態度は、

一、布施　みんなに喜ばれる人になろう
二、持戒　約束や決まりを守ろう
三、忍辱《にんにく》　いつも笑顔で暮らそう
四、精進　どんなことでも一生懸命に
五、禅定　こころを落ち着けて過ごそう
六、智慧　積極的に良いことを考え実行しよう

の六項目です。これを「六波羅蜜《ろくはらみつ》」と言います。観音さまは、六番目の智慧の修行をされていたのです。そして、私たちの五蘊（肉体と精神）が、「空」であることがわかった（照見できた）ので、一切の苦しみや悩みを克服することができた（度一切苦厄）と説かれています。五蘊イコール「空」とズバリ結論を先に示されている経典です。「五蘊皆空」が『般若心経』の主張です。『般若心経』は、「如是我聞《にょぜがもん》（私はお釈迦さまのお言葉をこのように聞きました）」で始まる多くの経典とは、少し異質の経典でもあります。

閑話

自由と他由

観自在菩薩を訳しますと「自由自在に観ることができる菩薩さま」となります。自由とは、自分によ（由）る、つまり自分の責任で判断できるという意味です。日頃、私たちは自分に由ってモノを観ているでしょうか。大いに疑問です。他人が「あの人は良い人だ」と言えば善人に見えます。逆に評判が悪ければ、悪い人と見えてしまいます。自分で判断をしないで、社会の評判に判断を委ねています。コマーシャルに乗りやすいのも「自由」ではなく「他由」の影響を受けている証拠です。

「お金があるのが幸せだ」と世間の常識に従って判断しますが、それは自由ではなく、常識に束縛された意見です。お金があっても不幸な家庭もあります。反対にお金がなくても幸福な家庭もあります。私たちの常識を、根本から点検しなおしてみる必要があるようです。常識の束縛から解放された見方ができる人が、観音さま（観自在菩薩）です。

舎利子《しゃりし》

名前があるから
他人と区別できる

【読み下し】 舎利子（しゃりし）よ

【訳】
舎利子（釈尊十大弟子の一人）よ
智慧第一とも呼ばれている舎利子よ

【語句解釈】
十大弟子を列記しましと
智慧第一　舎利弗（しゃりほつ）
神通第一　目建連（もっけんれん）
頭陀第一　摩訶迦葉（まかかしょう）
天眼第一　阿那律（あなりつ）
解空第一　須菩提（しゅぼだい）
説法第一　冨楼那（ふるな）
論議第一　迦栴延（かせんねん）
持律第一　優波離（うばり）
密行第一　羅候羅（らごら）
多聞第一　阿難陀（あなんだ）
「十大弟子」の存在は、それぞれ得意分野が存在することを示しています。その道のエキスパート達です。

説きほぐし（解説）

舎利子とは、お釈迦さまの弟子である舎利弗《しゃりほつ》（シャーリープトラ）のことです。お釈迦さまの多くの弟子の中で特にすぐれた十人の弟子を「釈尊十大弟子」と敬っています。舎利弗は、その第一番目に数えられる人で「智慧第一」と呼ばれています。

お釈迦さまの弟子は何人ぐらいいたのでしょうか。経典では「壱千二百五十人」という数字が頻繁に出てきます。漢訳の経典には「万二千人」とあり、「壱万二千人」と誇張表現されています。お釈迦さまを慕う人々が多くなってくると、全員が同じ行動をすることが不可能になります。広いインドのあちこちにグループをつくり修行するようになります。そのグループの指導者が十大弟子でした。インドでは大きい数の概念を「八万四千」といいますが、お釈迦さまの弟子の数を「八万四千人」と数える人もあります。

『般若心経』は観音さまの言葉であると前回説明しましたが、『智慧の経典・般若心経』を説いて聞かせる相手として「智慧第一・舎利弗」であったことは興味深い出来事です。観音さまがお釈迦さまに代わって『般若心経』を説かれ、智慧第一の舎利弗に間違いないか確認されているのだと思います。その場面は、観音さまの姿、熱心に聴いている舎利弗の姿、それをやさしく見守っておられるお釈迦さまの姿を思い浮かべます。

ガン患者の自殺率

ガン患者の自殺問題を考えたいと思います。いきなりで驚かれたと思います。ガンを宣告された時、絶望の淵に追い込まれます。何もかも嫌になってしまいます。どうでもよくなってしまいます。読者のあなたは大丈夫でしたか。ガンの宣告を受けた時は、相当のショックだったと思います。冷静に考えますと、主治医は身体にガンがあることを告げたのであって、「死」を宣告したのではありません。ガンの宣告イコール「死」と自分で勝手に結びつけようとしているようです。ガン患者の自殺率は一般の自殺率の約八倍だそうです。それもほとんどの場合、宣告から一年以内に集中するそうです。自殺者のほとんどが治療可能な患者でした。

あなたのガンも治療可能です（医者ではないので断定は出来ませんが）。そのようにプラス思考でガン治療に立ち向かいましょう。家族や友人がやさしくあなたの姿を見守っておられます。ちょうど観音さまが舎利弗に話をして、お釈迦さまが静かに見守っておられるように。

もしあなたではなく、あなたの子供がガンを患いそれを悲観して自殺したとする。そのガンは現代医療では十分完治が可能なガンの病気であったなら、親のあなたの悔しさは、大きく激しくそしていつまでも子供との思い出にふけり、子供との突然の別離から立ち直ることは困難であろうと思います。いまあなたが自分のガンに絶望して、自ら命を絶つと、同じ思いを家族や友人に味わわせることになります。繰り返しになります。ガンの宣告イコール「死」ではありません。

色《しき》不《ふ》異《い》空《くう》

相手に優しさを求めるのなら
自分の優しさが大事

【読み下し】 色は空に異ならず

【訳】

物質（色）は「空」である

形あるものは全て縁起に依るからすべて空である

【語句解釈】

「色」の文字から、色恋を連想した人は残念ながら間違いです。「五蘊」の解説で、色・受・想・行・識の五項目と説明しました。色は肉体の働き、他の四項目は精神の働きです。

説きほぐし（解説）

観音さまは最初に「色不異空」と説きはじめます。形あるもの（物質・色）は、「空」に異ならず。すなわち、形あるモノは「空」だと言っているのです。私たちの肉体も「色」ですので、この肉体をいきなり「空」と断定されてしまいました。冒頭から頭が混乱を始めます。形あるモノは誰が見ても「こうである」といった絶対不変の形をしていないようです。見る人が違えば、百人百様の見方をしているのです。

例えば、四角い容器に水をいれて水の形を尋ねると、水は四角い形をしていると答えます。丸い容器にいれられた水を見た人は、水は丸かったと答えます。どちらが正しい答えでしょうか。私達は「水は方円の器にしたがう」ことを知っていますので、正しい答えを導きだすことができますが、水の性質を知らない人に、この道理を説明することは困難です。誰もが自身の眼で見た形が、正しい水の形と主張を曲げません。まさに百人百様の解釈が存在します。水の形は一定していません。自由に形を変える水の姿を「空」と説いたのです。繰り返しになりますが、「空」はカラッポという意味ではなく、見る人が違えば、同じものを見ていても、違って見えるといっているのです。だから、絶対不変の状態は存在しません。

お仏壇の仏花を思い浮かべてください。朝と夕では仏花の姿が違っているはずです。いつまでも美しくと願う仏花ですが、時間が経過すれば花は散ります。花が散る時は、温度や水分にも左右されます。それでは枯れない造花は、不変の姿だと主張されますが、細部を観察しますと、朝より夕方のほうが、ホコリが多く付いています。花を見ているこちらの心も、常に揺れ動いています。造花の仏花を最初は綺麗だと眺めていたのですが、そのうち飽きてしまいます。このように、絶対不変の状態を保つことは不可能です。

「綺麗な花だ」と感じ（受）、その印象が心に焼きつき（想）、その花を自分のものにと思い（行）、花を見て心が動いていることを知る（識）。「色不異空」とすべての物事（これが空です）は「空」であるといっているのです。その「空」なるものに対して、こちらの都合で物事（色）を見ているのです（前回の五蘊です）。

腹が立っている時、親切な言葉も誤解して受け取ります。逆にうれしいことに出会うと、嫌な言葉も聞き流すこともできます。受け取る側の気分も大切な条件のひとつです。ちょうどレーダーが電波を発信して、相手を探知しているのに似ています。こちらが「やさしい」電波を発しますので、相手に当たりやさしい電波が跳ね返ってくるのです。「トゲある」電波を出しておいて、やさしい電波の跳ね返りを期待しても無理です。あなたの発する電波は、「やさしい」電波か「トゲある」電波か、二者選択を迫っているのです。

空《くう》不《ふ》異《い》色《しき》

生きている限り　煩悩は尽きない

【読み下し】空は色に異ならず

【訳】
「空」の実態は、色（形あるもの）である
全て「空」であるから物質が存在する

【語句解釈】
形あるものは定まることなく常に変化しています。「常住」ではなく「無常」の姿です。私達の都合で変えることができない法則でもあります。

説きほぐし（解説）

この一節は、「色不異空」を逆から説明しています。「空」つまり私たちが出す電波が、物質（色）を形作っている、と説いているのです。自身が「やさしい」電波を発した時は、それが物事に跳ね返り、自身が「やさしさ」を感じているのです。『幽霊の正体見たり 枯れ尾花』という句があります。ビクビクした電波を発した時は、枯れたススキも幽霊に見えるのです。私達が発信する電波の種類により、物事はそのように見えるのです。

自身の発する電波を変えてみたらどうでしょうかと、『般若心経』は問題提起をしているのです。私たちも仏さまのようにこだわりやわだかまりを少なくして（ゼロではなく、少なくする方向）、一輪の花を眺めてみる。そうすると執着や愛着がうすれ、花の姿（色）に素直に感動し（受）、想像の世界を広げ（想）、その花を描こうと思い（行）、やがて一枚の絵手紙に仕上げる（識）。私達は自分の発信する電波の状態を考え直す必要があるようです。

「あなたが不幸せな理由は霊のタタリ」と吹聴している人がいます。「空不異色」の立場でこのことを考え直しますと、「タタリだ、タタリだ」と叫ぶ人は、そういう電波を送っているので、電波の発信者にタタリが跳ね返ってくるのだと考えます。タタリから逃れるためには、自身が出す電波を変えなければなりません。

タタリに限らず、一切のものはもともと「空」であることを認識しましょう。人生を惑わす言葉に出会った時、それを跳ね返す力強い意志を確立する必要があります。それには、日頃から物事を多角的に考える訓練が必要です。相手の立場に立って物事をもう一度考えてみる。そのような心のゆとりが、力強さの原動力です。

色即是空《しきそくぜくう》

老人と若者　比べるから話がややこしくなる

【読み下し】色はすなわちこれ空

【訳】
形あるものは、「空」である
「色」は縁起の法則で変化するのみである

【語句解釈】
絶世の美女も無常の世では、時間の経過とともに老婆になります（もちろん美男子も老人に）。そこには、分け隔てのない法則（空）が存在します。

説きほぐし（解説）

「色」は対象の物質を意味します。一般社会では色事の「色」を想像するようですが、それは間違い。「いろ」と読まずに「しき」と音読みすれば、はっきり区別できます。『般若心経』では、対象物はすべて「空」であると説いています。そんなはずはない、しっかり私の目で見えています、と反論しますが、それぞれ自分勝手にイメージを作り上げて見ている（認識）のです。腹が立っている時は、相手の優しい言葉がうるさく聞こえます。こちらが大らかな気分の時は、相手の悪意ある言葉も、聞き流す余裕があります。言葉という「声」は存在するのですが、その「声」をどのように取り扱うのかが、問われているのです。その「声」をどのように解釈するのかが、問われているのです。

私達は本来「色」のついていない現象を自分の都合で「色」を付け、「多い、少ない」「賛成、反対」と主張しているようです。仏教的解釈を当てはめれば、「多い」という意見も正解。「少ない」という意見も正解です。主体性が無いように感じますが、人生には正解など存在しません（一寸先は闇という言葉も存在します）。ただし「これが正解」と胸を張って歩むことは可能です。いや信じて歩み続ける姿こそ、尊い姿であると解釈します。その歩みが、仏教的な生き方であるようです。

閑話

デビルフィッシュ

日本人はイカとタコの区別をしますが、欧米人は「デビルフィッシュ」と呼んで区別をしないそうです。タコやイカを食べる習慣がありませんので、区別する必要がないのです（欧米も日本食ブームで様子が変わりつつあるようです）。イカ、タコを、気持ちの悪い生き物と見ているようです。日本人は厳格に区別します。たこ焼きとイカ焼きは違うのです。たこ焼きの中にイカは入れません。同じモノを見ていても、それぞれの都合で感じ方は違っているのです。

牛の対応は欧米人と日本人は逆です。オス牛（bull）とメス牛（cow）は、欧米では厳格に区別します。どちらも自分達の都合で物事を判断しているだけです。実態は「空」です。

空即是色《くうそくぜしき》

縁起に自分の都合を求めても答えは出ない

【読み下し】 空はすなわちこれ色

【訳】
「空」の中身は、形あるもので一杯である
「空」を知るのは、形あるものの変化を知ること

【語句解釈】
「空」をカラッポと解釈すると、『般若心経』の主張と少しずれてしまいます。「空」はぎっしり詰まっている状態です。だから自分の都合を差し挟む余地がありません。ぎっしり詰まっている中身は「縁起の法則」です。

説きほぐし（解説）

同じものを聞いていても、表現が違うものの例として、ニワトリの鳴き声が有名です。日本人は「コケコッコ」と聞こえています。イギリス人は「コッカドゥドルドゥー」。ドイツ人は「ココリコ」と聞いています。各国によってニワトリの種類が違うので鳴き声も微妙に違うのかとも思うのですが、日本のニワトリを各国の人に聞かせると、それぞれ自国の聞き方をしているようです。同じニワトリの鳴き声を聞いても、聞き方は異なっているようです。同じ人が同じニワトリの声を聞いても、こちらの気分により聞こえ方は違います。元気はつらつの時は、ニワトリの鳴き声も元気

よく聞こえます。反対に気分が滅入っている時には、ニワトリの声も寂しく聞こえます。私達の感覚器官は、視覚、聴覚、嗅覚、味覚、触覚等です。その感覚が対象とする物は、すべて「空」と解釈するのが『般若心経』の立場です。その「空」の姿を自分の都合で解釈している様子を「空即是色」と説いているのです。

「色即是空　空即是色」は、実体はしっかり存在するのであるが、私達はそれぞれの立場でそれぞれ自由に解釈をしている、と説いています。また自身が感じたことを、それぞれの都合で表現しているとも説いています。私達は、自分の基準が絶対に正しく、その基準を他人に押しつけますので、混乱が生じるようです。同じものを見ても、同じものを聞いても（五感）、それぞれ異なった解釈をしているのだと認識しなければなりません。そのためには、相手に今まで以上に優しく接する必要があります。いつも相手に優しく接する、簡単なようで大変困難な命題ですが、挑戦してみる価値があると思いませんか。

閑話

黄色い太陽と月の模様

ニワトリの話のついでに、太陽の色について。日本の子供達は太陽を赤色で描き、月は黄色で描きます。アメリカの子供達は、太陽を黄色で描き、月を白色で描きます。民族により、モ

ノは違って見えているようです。違って見えていますから、違って表現しているのです。自分の見えているモノだけが、正しいと考えを固定しますと、画用紙に描かれている黄色の丸を、太陽と解釈するのか、お月さまと解釈するのか、難問です。

ついでにもうひとつ。月に刻まれたウサギの形。日本ではウサギが餅をついている姿に見えます（実は私はどうしてもそう見えません）。世界中が月のウサギ……と思っているかというと、実は日本だけです。中国ではカエル。ヨーロッパでは、おばあさんや少女、カニなど実に多様な見え方をしています。同じモノを見ていても、多様な解釈が存在します。

受想行識《じゅそうぎょうしき》

「念じたら」次は実行・実践である

【読み下し】 受・想・行・識もまた

【訳】
人間の精神作用（受・想・行・識）も心の作用である感覚、意識等もまた

【語句解釈】
「色」以外の五蘊の要素である受・想・行・識もまた「空」であると説いています。

説きほぐし（解説）

「受」は感受作用、「想」は表現作用、「行」は意志作用、「識」は認識作用です。受・想・行・識をまとめると、私達の精神作用になります。「色」は、私達の肉体を含む形あるものつまり「物質」でした。「色即是空、空即是色」と説いたように残りの項目もそれぞれ説明すべきですが、同じことの繰り返しですので「受想行識」とまとめました。本来なら「受即是空、空即是受」「想即是空、空即是想」……と続くはずです。続けると、やはり煩雑な経典になってしまいます。『般若心経』を漢訳してくれた人に感謝をしたいと思います。経典を読むにはやはり一定のリズムも必要です。『般若心経』はリズムよく読むことができますので、人気のある経典として残っているのだと思います。私達の生活も、だらだらと同じ繰り返しをしない。まとめることができるものはまとめた方

が、すっきりと生活できる。なんだか、生活アドバイザーのようですね。

人間を含む動物に精神作用が存在することは理解できますが、「色」は、形あるものを説きますので、机やテレビに精神作用が存在するのか疑問が残ります。どのように解釈したらよいのでしょう。先日孫とテレビを見ていました。もちろん番組の選択権は孫がもっています。仕方なく（楽しみながら）孫と一緒に子ども番組を見ていますと、椅子がおしゃべりをしていました。サボテンも女の子とおしゃべりをしていました。椅子やサボテンは人間と同じように色々な問題にぶつかり、皆でその問題を解決していました。立派に精神作用が存在していました。アニメの世界に目を転じますと、機関車や自動車が私達と同じように暮らしています。そんなの想像の世界の話。物語の中の話と片付けてしまいますが、はたしてそう言い切れるでしょうか。

日本人は多神教民族です。山や海に神さまが存在し、私達に恵みを与えてくれる存在でした。山や海の神さまは、時に禍ももたらす存在でもあるのですが、そんな宗教観を持っている民族は、動物以外のモノにも精神作用が存在するという考えは案外簡単に受け入れることができるのだと思います。明治以後、あるいは戦後の欧米化の生活の影響で、椅子やサボテンの声が聞こえなくなったのかもしれません。欧米などの一神教の宗教観では、唯一の神の存在以外認めませんので、動物やモノが神になることはありえません。だからそれらのモノには精神作用は存在しません。しかし、機関車や自動車がおしゃべりするアニメは、一神教の文化圏の人が制作したアニメなのですが、この事は、どのように解釈したらよいのでしょうか。少々頭が混乱してしまいます。

亦復如是《やくぶにょぜ》

我を捨て　成り行きに身を任せる

それも立派な対応

【読み下し】　またかくの如し

【訳】

色と同様、受・想・行・識も実体がない精神の働きも、これまた「空」なのです。

【語句解釈】

「蘊」の文字の語源を調べてみますと、①積みたくわえること②物事の奥底③人間の存在を構成する要素、集まりと、記されていました。仏教は「縁起」を説きますので、この五蘊の項目はバラバラに存在するのではなく、互いに影響をしつつ、互いに絡み合いながら存在していると説いています。私は五蘊を、「五つのかたまり」と解釈しています。

説きほぐし（解説）

「一切衆生《いっさいしゅじょう》　悉有仏性《しつうぶっしょう》」は、経典に出てくる一節です。意味は、あらゆる生き物はことごとく仏となる可能性を持っているとなります。なんら疑問の余地のない一節です。道元禅師は「しつうぶっしょう」とストレートに読んでおられます。いや「悉《ことごと》く仏性《ぶっしょう》が有る」と読んではいけないと示されています。「悉く仏性が有る」と読み親しんできた人には、このストレートの読み方は難解です。「悉く仏性が有る」と読んでいる固定観念を捨てなければ、道元禅師の読み方が理解できません。ストレートに読むと「あらゆる存在（悉有）は、仏性である」と読みます。生涯坐禅一筋に歩まれた道元禅師の境地は、生半可な坐禅をしている私には到底到達することができない境地です。それゆえその境地を明確に説明することは困難ですが、皆さまがするどい質問を返さないという前提で話を進めます。

道元禅師は、「悉く仏性が有る」という一般的な読み方を否定されました。そして、あらゆる存在（悉有）は仏性であると示されました。「色即是空　空即是色」の法則をここに引用しますと、「悉有即是仏性　仏性即是悉有」となります。その根拠は、お釈迦さまがお悟りになられた時のお言葉です。お釈迦さまは、「大地有情《だいちうじょう》　同時成道《どうじじょうどう》」と示されました。世の中のあらゆるものと同時にお悟りを得ることができたという意味です。お釈迦さまの成道の時にすでにすべてのモノは仏になっているのです。だから悉有＝仏性であり、仏性＝悉有と道元禅師は主張されるのです。「悉く仏性が有る」と読むと仏性が本来備わっていて、それが植物のように成長していくイメージを抱きます。当然道元禅師はそのイメージも否定されています。成長過程は仏と呼ぶことはできないのでしょうか。ここがゴールと、つまり悟りの境地と自分で判断しますが、はたして本当にゴールでしょうかと、道元禅師は私達に問いかけておられます。『ありのままで』という歌が流行っているようですが、道元禅師は「ありのまま」の姿がすでに仏の姿であると説いておられるのです。私達は仏や悟りを、青虫が脱皮して蝶になるとイメージしています。そのようにイメージしますと、蝶の卵や青虫の状態の時は、蝶より劣る状態になってしまいます。「大地有情　同時成」「一切衆生　悉有仏性」の考えからずれた考えになってしまいます。卵は卵、青虫は青虫、蝶は蝶、まさに「ありのまま」の姿がすばらしい、つまりそのままで「仏」であると道元禅師は示されているのです。

次に「衆生」の解釈ですが、最初はすべての人々、つまり人間に限定されていましたが、お釈迦さまは人間だけの幸せを願うという小さな考えではないはずである。生きとし生けるのも全ての生き物の幸せを念じたはずである、と考え「衆生」は、すべての命あるもの、あらゆる生き物と解釈されました。仏教が伝わり時代が変化していくとともに、解釈も変化したのです。いや変化したというとお釈迦さまの真意と離れてしまいますので、変化ではなく、私達の身近な教えになりお釈迦さまの真意に近づいたと解釈しています。「一切衆生」は、「山川草木《さんせんそうもく》」に置き換えられました。「山川草木　悉有仏性」と、仏性を持っている対象物が、すべてのモノと広げられました。山川草木に仏性があれば、アニメの世界で機関車や自動車がおしゃべりをする姿は、当然の姿です。「色」と同様、精神作用も柔軟に対応しようと呼びかけています。私達は自分自身の解釈を固定して、その立場を守ろうとします。相手と軋轢が起きる一因です。「そうしなければならない」と自分にも相手にもプレッシャーをかけてしまいます。自分で自分の視野を狭くしているのです。本来は「空」なのですから、自分で発想を変えて同じものを眺めれば、きっと違う展開が開けてくるはずです。「亦復如是」は、「色」だけでなく「受・想・行・識」の精神作用も「そうしなければならない」という固定観念を捨てよ、こだわりを捨てよ、と言っているのです。

仏教徒の理想の状態は、一切の煩悩や欲望を捨て去った状態のように解釈されている人がいますが、そうではありません。一切の煩悩が無くなった状態は理想ですが、私たちには不可能な要求です。『般若心経』の意図しているところは、遥かかなたの理想境を目標にしているのではなく、誰の足元にも転がっている日常生活の過ごし方を説いているのです。悔いのない毎日を過ごすためには、自分の考えにこだわってはいけない、と説いているのです。一年三百六十五日、素晴らしい毎日です（日々是好日）。しかし、素晴らしい毎日を、大安、友引、仏滅とレッテルを貼って区別しています。素晴らしい毎日に、自分自身で不自由を作り出しているのです。

閑話

第二の矢を受けない

聖者と凡夫の違いは、聖者は「第二の矢」を受けないということです。例えば、石につまずいたとします。「痛い」と感じます。これが「第一の矢」。聖者も凡夫もここまでは同じです。凡夫は「この石を置いたのは誰だ。危ないではないか。気をつけろ」と腹を立てます。これが「第二の矢」です。凡夫は、怒りをぶつける相手がいない場合、腹立ちをいつまでも持ち続けます。第三、第四の矢を呼び込みます。自分自身をコントロールするのは、やはり自分自身です。

落とし穴

ガンを宣告されると、絶望感が広がります。仏教の説く煩悩である貪《どん》・瞋《しん》・癡《ち》の三毒に心は支配されてしまいます。「貪」とは、健康が欲しい、長生きしたいという欲です。「瞋」は、ガンに対して腹を立てること。「癡」は、いつまでも続く愚痴です。この三毒は健康な時もお付き合いしているのです。ガンになったから急に現れるものではありません。日頃から貪・瞋・癡の三毒はそれなりのお付き合いがありますが、うまくコントロールし、それなりに過ごしています（時々失敗しますが）。病気になってもいつものように、自身でこの三毒をコントロールしなければなりません。

ガンを祈祷やまじないで克服するのか、病院でそれなりの治療を受けるのか、最初の一歩を踏みだす方向を明確にしなければなりません。「祈祷やまじない」は、怪しげな宗教です。この壺を買うとガンがたちどころに治ると主張する宗教のことです。日頃は騙されないぞと思っていても、病気になると、簡単に落っこちてしまう人生の落とし穴です。そばで看護している家族が、簡単に落ちてしまう落とし穴でもあります。家族は、藁をもつかむ思いであなたの回復を祈っています。藁でもつかむ勢いですので、壺など簡単につかんでしまいます。病人であるあなたが、そんなものに騙されてはダメだと、しっかりと家族を見守る必要があります。

第三章

光陰可惜《こういんおしむべし》

いわれなき
仕打ちに
負けない

各自の足元に存在する「無常」に対してどのように対応するのかが、問われている。マイナスイメージで対応すると、大きなストレスが発生する。子供や孫の成長も無常の姿と理解すると、一日一日が大切なモノであることがわかる。まさに「惜しむべし」の対応である。『般若心経』では、それすら「無罣礙」（こだわるな）と否定する。

舎利子《しゃりし》

言葉に思いを込めることは可能です

【読み下し】 舎利子（しゃりし）よ

【訳】
舎利子（釈尊十大弟子の一人）よ
（『般若心経』を唱えている）皆さまよ

【語句解釈】
「舎利子よ」と二度目の呼びかけです。最初の舎利子は、「空」を理解していない存在として登場しています。ここでの舎利子は、「空」を理解した存在です。

説きほぐし（解説）

『般若心経』は短い経典です。一字一句の占めるウェイトは大きなものがあります。だのに二度も「舎利子よ」と呼びかけています。一度にすれば経典はもっと短くなるはずです。貴重な文字数を割いてまで「舎利子」と呼びかけたのですから、何か重要な意味があるのではないのかと、勝手に考えてしまいます（細かいことが気にかかります。テレビの刑事もののフレーズ）。身近にある『般若心経』の解説本を読んでも、なぜ「舎利子」と二度呼びかけているのか、その理由はどの本にも書かれていませんでした。しからば皆さまと一緒に考えなければなりません。

ここに登場する「舎利子」は、修行時代の舎利子です。後に「智慧第一」と称せられるのですが、『般若心経』では修行中の存在として登場します。最初に登場した「舎利子」は、南伝仏教の代表者として登場しているようです。二度目の「舎利子」は、北伝仏教の代表です。ここでは同じ「舎利子」ですが、少し立場が異なると解釈してみました。賢明な読者は、舎利子は観音さまの法話の最中に居眠りやよそ見をしていたのでは、と疑ったのではないでしょうか。それも正解かもしれません。誰もその場に立ち会っていないのですから。いや、『般若心経』は北伝仏教の経典です。北伝仏教の想像の経典です。だから誰も説法の場所に立ち会うことができなかったのです。「舎利子」をあなたの名前に置き換えて経典を解釈してもかまいません。ただし舎利子が智慧第一と称せられたように、あなたも「智慧第一」と称せられる仏教信者となられることを念じます。

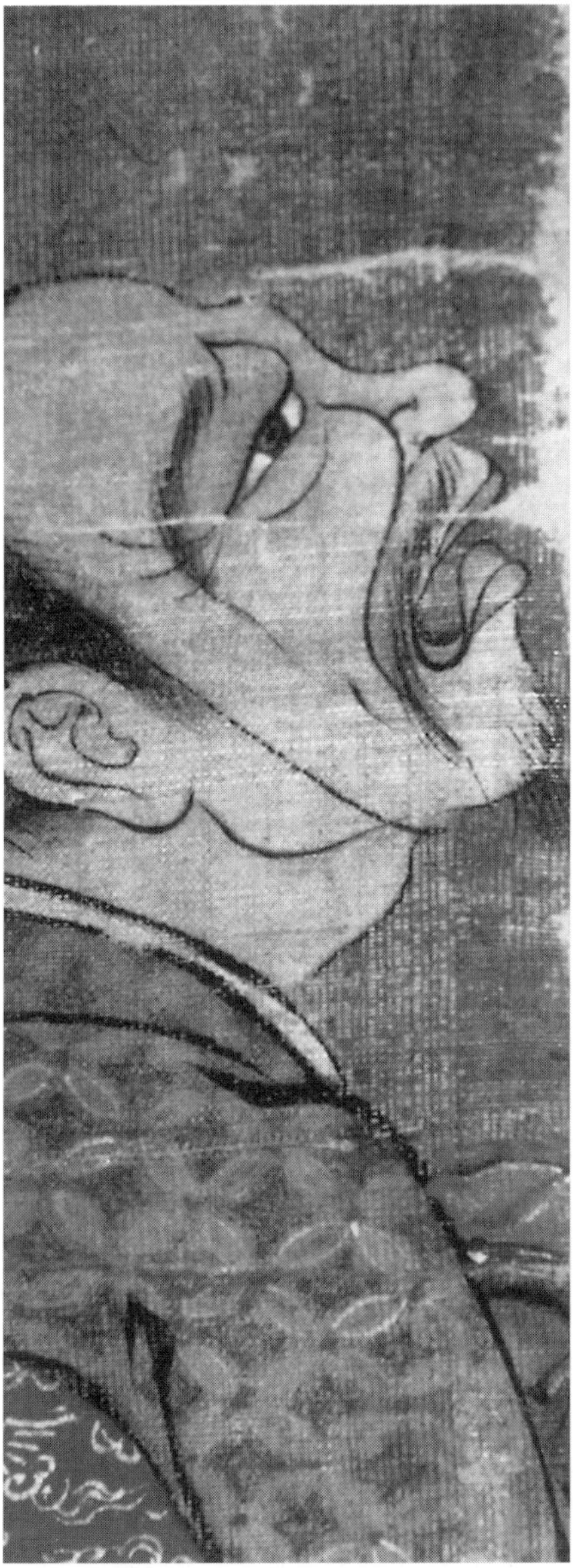

是《ぜ》諸《しょ》法《ほう》空《くう》相《そう》

ご利益ばかりを求める信仰の連鎖を断ち切ろう

【読み下し】 この諸法は空相にして

【訳】
この世のすべては本来「空」である世の中の存在や現象は、常に変化する

【語句解釈】
諸法は、有形、無形のすべての存在です。人間をふくむすべての動物や植物、山や川から身近な机、テレビなどすべてのモノです。

説きほぐし（解説）

和文読みにしますと「是の諸法は空の相にして」と読みます。諸法は諸々の存在であり、すべての存在が「空」を特色としていると、訳することができます。すべてを「空」と理解するためには、私達が仏にならなければ、理解することができない境地です。私達はまだ仏になる以前の状態ですので、「空」を理解することが出来ません。理解できなければ、素直に耳を傾ければよいと思うのですが、本来「空」のモノに、自分の都合で、長い・短い、美しい・醜い、多い・少ない、善だ・悪だ、役に立つ・役に立たない、などの自分勝手なイメージを作り上げているようです。「空相」には、自分の都合が入り込む余地がないと、素直にお付き合いをすればよいのです。『般若心経』を通して、方向が違えば善悪も変化することを学んできました。立場が違えば、善悪

も逆転しまうのが私達人間の立場です。戦争を「正義の戦い」と正当化してきましたが、相手も「正義の戦い」を挑んでいるわけです。人間の「正義の戦い」からは、問題は永遠に解決できません。中東では二千年以上にわたりお互いに「正義の戦い」を続けていますが、いまだに平和を構築することができていません。復讐の連鎖をどこかで断ち切らなければ、平和は空論になってしまいます。世界の平和を実現するために、「『般若心経』のこころ」を日本から世界に発信しなければなりません。それが日本人の務めだと思うのですが、肝心の日本人が宗教音痴で、宗教から自分のためのご利益ばかりを求めているようです。

閑話

「黄金」のたとえ

「仏の目で見れば一切が『空』である」と説かれていますが、この一点が理解しにくい部分でもあります。「空」を「黄金」と置き換えて、再考したら……。

黄金を使って様々なモノを造ります。尊い仏や恐ろしい鬼。老人や若者。男や女。私達は外見にこだわり、同一のモノと判断しません。が、黄金で造られていると理解すると、外観にはこだわらなくなります（今度は重さにこだわりを生じるのですが）。中身は、同じ価値があると認めます。この世のすべてのモノが「黄金」であると、発想を転換することが、『般若心経』を理解する早道かも……。

不《ふ》生《しょう》不《ふ》滅《めつ》

百万円の札束　多いか少ないか
悩みは尽きない

【読み下し】不生にして不滅である

【訳】
生ずることはない。同様に滅することもない。
「空」から見れば、生じることも滅することもない。

【語句解釈】
生じたものは滅する。滅したものはまた生まれる。そこに存在するのは縁起の法則です。

説きほぐし（解説）

「不生不滅」は、生じたり滅したりしないと説いています。理解しやすいように私達の命を、氷と水の関係に置き換えてみます。百パーセントの氷の状態が命の誕生の瞬間とします。時間の経過とともに氷はどんどん融けはじめます。百パーセントの水の状態が死の瞬間です。この氷の融けるスピードは個人差があります。暴飲暴食やあれこれ心を悩ます人は、氷は速く融けるようです。さらに氷の置かれている環境によってもスピードは異なります。氷をストーブに乗せると、瞬く間に氷が融けてしまいます。氷と水を連続的に考えると、氷も水もH_2Oです。地球規模で考えると、H_2Oは増えもしないし、減りもしません。全体量は一定です。氷が水になり水蒸気になっても、H_2Oの全体量は変わりがないのです。これが「不生不滅」の主張する仏教観です。

H_2Oを私個人。地球全体を仏さまの姿と、置き換えますと、私達が生きているのは、仏さまの大きな懐の中で生きていると解釈することもできます。いや、仏さまの大きな懐の中で生かされていると考えます。「縁りて起る」縁起の法則に支えられて、私達は生かされているのです。

不《ふ》垢《く》不《ふ》浄《じょう》

札束には責任はない
しかし振り回される己がいる

【読み下し】 不垢にして不浄である

【訳】
汚れたりきれいになったりすることはない
垢がつかない、清くなることもない

【語句解釈】
「垢・浄」の両極端の立場を超越した価値観の存在を示します。釈尊伝に出て来た「中道」を思い起こさせる一節です。

説きほぐし（解説）

インドの仏跡を巡拝すると、食べ物や飲み水に苦労します。うっかり生水を飲むと、とたんに下痢になってしまいます。水の衛生状態が悪いのです。下痢をするのは観光客だけで、インドの人は平気で水を飲んでいます。生まれた時から飲んでいるので、免疫ができているのでしょう。そのインド人が日本に来て、ホテルの水道水を飲んだら、消毒臭くて途端に下痢になったという話を聞いたことがあります。日本人にはインドの水が合わないし、私達日本人が絶対清潔と思っている日本の水を飲んで、下痢をする人もいるのです。

良寛さんの逸話に、一つの鍋で旅人をもてなす話があります。良寛さんの所には鍋が一つしかなかったので、旅人が足を洗ったのも、夕餉でご馳走になったのも、朝になって顔を洗ったのも、同じ鍋であった。旅人は、朝になってそのことに気が付くのです。さあ大変、旅人はその鍋で煮た朝の粥が喉を通りません。良寛さんは、こだわりを捨て「空」を体得されていますので、自由にのびのびと過ごすことができるのですが、旅人は「垢・浄」を捨て切れませんでした。

同じものを、それぞれの環境、それぞれの心の状態で、汚くもしたり、綺麗にしたりするようです。本来あるべきモノも姿は変わらないのです。良寛さんの鍋の話を聞いて、それは素晴らしいとすぐに真似をしようとしますが、良寛さんは良寛さんです。私達は私達です。無理をして良寛さんの真似をする必要はありません。無理をして真似ても、ちょうどインドで生水を飲むようなものです。腹を下して体調を悪くしてしまいます。良寛さんの境地を理想と考えるのであれば、ゆっくりのんびり回り道をしながら、良寛さんに近づけばよいのです。良寛さんに近づくプロセス（過程）を楽しめばよいのです。目的地より、目的地に至るまでのプロセスを大切にしよう。そんな心の余裕を持ちたいものです。

閑話

老婆の鼻汁

ある僧がお檀家にお参りに行きました。その家のお婆さんが「ご飯を炊きましたので召し上がってください」と勧めました。お坊さんはお参りを終えると、席についてご飯が出てくるのを待っていました。お坊さんが座った席は、台所の様子がよく見えました。何気なくお婆さんの様子を見ていますと、お釜から「おひつに」ご飯を移すとき、お婆さんの鼻から鼻汁がポタポタとご飯の中に落ちるのを見てしまいました。お坊さんはご飯を食べる気がしません。あれこれ理由を付けて急いで帰ることにしました。「やれやれ、とんでもないものを食べさせられるところだった」と胸をなで下ろしました。

さて、それから二、三日後、お坊さんはお婆さんの家の近くを通りました。今度もお婆さんが声をかけます。「甘酒をつくったので召し上がってください」。お坊さんは甘酒が大好物だったので喜んで頂きました。それも三杯も頂きました。お坊さんはお婆さんに尋ねました。「一人暮らしなのにどうしてこんなにたくさんの甘酒をつくったのですか」。お婆さんは、「先日、あなたさまが残されたご飯を、もったいないから甘酒にしました」。

不増不減《ふぞうふげん》

心の葛藤を知る人は
心の安寧も知っている

【読み下し】 不増にして不減なり

【訳】
増えたり、減ったりしない
「空」の境地では、増減することはない。

【語句解釈】
増減の不平不満を言わない。つまり、自分の都合を捨てることです。それが「空」の境地に近づく第一歩です。

説きほぐし（解説）

この世の実体は、増えもしないし、減りもしない。私達は同じものを、自分の都合で増えた、減ったと悩んでいるようです。給料を受け取るとき、不足感で受け取るか、満足感で受け取るかの選択です。どちらの心で受け取っても、給料の額は同じです。プラス思考で受け取るか、マイナス思考で受け取るかの問題です。プラス思考には、安心感が跳ね返ってきます。マイナス思考には、ストレスが跳ね返ってきます。「癒し」という言葉が流行する現代は、マイナス思考で給料を受け取っているようです。どちらの心で受け取っても、受取る給料の額は同じですよ。本来過不足なく備わっているモノを、プラスと感じるか、マイナスと感じるか、私達の心が作り上げている問題のようです。

この問題を回避するには「自分に厳しく、他人に優しく」の心掛けが大切なようです。日常生活を振り返ってみると、実は逆の動きをしています。「自分に優しく、他人に厳しく」の精神で生活しています。何かを成し遂げようと目標を掲げるのですが、すぐに破たんしてしまいます。たとえばダイエット。毎日をウォーキングしようと、目標を立てますが、すぐに挫折です。「毎日」という目標が高すぎたと反省して「毎日」を「一日おき」と変更します。するとまた「一日おき」を「都合の良い時」とレベルを下げ、ついにはダイエットに挑戦していることを忘れてしまっています。そのくせ他人がウォーキングをサボっているのを見たら、平気で相手を非難する言葉が出てきます。この非難の言葉は「あなたのためですよ」というのが、うたい文句です。「自分に優しく、他人に厳しく」の典型的な見本です。どこかで自分の気持ちを切り替えて、「他人に優しく」という気持ちから育てなければなりません。他人も自分と同じように「サボりたい時もあるのだ」と寛容にならなければなりません。

他人に優しく接することは、本当に難しいものです。

ガンに負けない

抗ガン剤

ガンの治療には抗ガン剤が使われます。この薬は本当に気まぐれです。ある人は抗ガン剤が劇的に効いたと言い、ある人はぜんぜん効果がなかったと言われます。効果がなかった場合は、本人ではなく家族からそのように説明を受けます。多くのガン患者は、外科的手術でガンの部分を切除して、治癒を目指します。だから手術の時間を気にかけます。手術時間が短ければ、手術は開腹の段階で終わりです。開腹したが、想像以上にガンが広がっていると、すべてのガンの部分を切除することは困難であると判断して、それ以上の手術はあきらめてしまいます。だから手術時間が短くなるのです。外科的手術をあきらめた患者は、抗ガン剤治療に望みを託します。その抗がん剤の効果が、実に気まぐれなのです。手術時間が短かった患者さんが、抗ガン剤治療に切り替えたら、その抗ガン剤が実によく効いて、瞬く間にガン細胞が無くなったという話も聞きます。では同じようにガンで苦しんでいる私に、その抗ガン剤を投与してくださいとお願いしても、同じように効果があるとは限りません。だから抗ガン剤は気まぐれなのです。

「縁によって起こる」仏の教え、考えの立場からこのことを再考しますと、この「同じ」という言葉に違和感を生じます。私達の生きている世界では、一人ひとり、顔や体形が違うように「同じ」ということは、ありえません。自分自身の足元を点検してみると、毎日同じ気分を維持することは困難です。だから、同じ抗ガン剤を使用しても（ここまでは同じです）受け取り手のコンディションでその作用は大きく違うようです。因・縁・果の法則の「縁」の取り扱いの問題です。「一切は空」と理解するのであれば（空は仏教の法則がぎっしり詰まっていて、自分の都合が入り込む余地がない状態）、抗ガン剤が、私のガン細胞をやっつけてくれると信じて治療を受ける必要があるようです。抗ガン剤など効き目がないと、やけになって治療を受けても、その効果は期待することはできません。「一切は空」を「一切はむなしい」と解釈して、最初から治療をギブアップするのは、「空」の解釈を間違っています。

是《ぜ》故《こ》空《くう》中《ちゅう》無《む》色《しき》

【読み下し】是のゆえに空の中には色がなく

叩かれると痛みを感じる己はたしかに存在する

【訳】
ゆえに空の中では肉体（色）は存在しない
このように「空」の立場からみれば、色はない

【語句解釈】
「空」の文字の羅列から「無」の文字の羅列に変わります。この羅列が声を出して読むと実にリズミカルに響きます。経典は頭の理解と同時に音声の部分の理解、つまり声に出す行為も大切です。

説きほぐし（解説）

インドで誕生した仏教は、大きく二手に分かれて伝播しました。一つがスリランカ・タイへ伝わった南伝仏教、もう一つは、中国・日本へ伝わった北伝仏教です。南伝仏教を小乗仏教、北伝仏教を大乗仏教と呼んでいました。「乗」は彼岸（向こう岸・仏の世界）へ渡る時に用いる乗り物を意味します。「小乗」は小さな乗り物、劣った乗り物を意味します。もちろん大乗仏教側がそう呼んだのです。したがって、相手を軽蔑した言葉ですので、使うべきではありません。南伝仏教の立場は、北伝仏教の存在が無くってもかまわないのですが、北伝仏教は南伝仏教を批判することにより、その存在を明確にします。だから、北伝仏教を説明するのに、南伝仏教が不可欠です。ちょうど、ユダヤ教とキリスト教の立場と似ています。ユダヤ教は間違っていると批判することにより、キリ

スト教の存在がより明確になっています。よく似た関係です。
北伝仏教は、南伝仏教の戒律主義、出家至上主義を否定することにより、「空」の精神を説いた新しい仏教です。南伝仏教は煩悩を悪と捉え、その煩悩を消し去ることに修行中のエネルギーをそそぎます。だから煩悩を克服する強い精神力を得るための修行を続けるのです。ちょうどお釈迦さまが悟りを得るために、断食等の厳しい苦行をされた場面を思い浮かべます。北伝仏教は、煩悩を消し去ることは不可能だから「煩悩だ、煩悩だ」と煩悩にこだわらないようにしよう、と主張します。すべては「空」なのだから、煩悩なんて存在しないと主張しているのです。『般若心経』では「無」の文字で五蘊の「色」を否定しています。色は肉体でした。いきなり肉体が無いと言われても、目の前に存在します。

「空」の立場でもう一度眺めてみることにしましょう。「空」は、仏の法則がギッシリ詰まっている状態で、自分の都合が入り込む余地が無い状態でした。自分の肉体であり、これは自由になると思っていましたが、生・老・病・死がつきまとい自由になりませんでした。私達は勝手に、自由になると勘違いしているようです。若さを保つために懸命に運動をしても、若返るといわれている薬を飲んでも、ご利益（若さをください）を期待して信仰に励んでも「空」の世界では、自分の私情は入り込む余地はありませんよ、と言っているのです。

無受想行識《むじゅそうぎょうしき》

見返りを期待しているとチャンスは逃げる

【読み下し】 受想行識もない

【訳】
心の働きとしての受・想・行・識もない
受・想・行・識の心の働きも空である

【語句解釈】
「無」は禅の問答でよく使われる言葉です。有名なのが達磨大師の「無功徳」。見返りを期待した行為は、本物ではないと示しています。

説きほぐし（解説）

南伝仏教では、人間を細かく観察して、体系化します。人間の身体を五つに分け「五蘊」と呼びます。さらに肉体と精神に分けます。肉体は「色《しき》」で、精神が「受（感受作用）・想（表象作用）・行（意志作用）・識（認識作用）」です。この「五蘊」を南伝仏教では、存在すると説き、北伝仏教では、存在しないと主張するのです。まったく正反対の主張です。ここでは、五蘊の色以外の残りの四項目（受・想・行・識）も実体が存在しないと説いています。前項の「無色《むしき》」と同様に考えると、自分の都合が入り込む余地が無い状態と解釈できます。だから見返り（ご利益）を期待しても、あなたが望む見返りはない（無功徳《むくどく》）と言っているのです。ここで大切なことは、縁起の法則が存在するということです。一つの行為に対して、反応は必ずあるということです。ただしその反応は、あなたの期待通りの反応ではないと言っているのです。

たとえば精神作用で、憎しみの心があるとします。そのような煩悩を持っていると、良きご利益が手に入りません。だからその憎しみを私の心から、無くさねばなりません。憎しみの心を起こさないように、努力しなければなりません。それが南伝仏教の主張です。北伝仏教は、憎しみの心は最初から存在しないと考えるのです。少しの違いですが、大きな違いでもあります。それぞれ最初の出発点が違っているのです。憎しみの心は存在するのか、存在しないのか。達磨大師《だるまだいし》から、無功徳と喝破してもらうと目が覚めるのですが。

閑話

安全ガラス

絶対に割れないガラスを作るためには、ガラスの強度を高めていきます。極限まで強度を高めても、絶対に割れないガラスを作ることは不可能です。だって、それをどうして加工するのですか。

ガラスは割れるものと発想を転換すると、安全に割れるガラスが考えられました。自動車のフロントガラスがそれです。南伝仏教は割れないガラスを手に入れようと苦労しているのです。どうせ割れるのであれば、怪我をしない割れ方のほうが、皆の役に立つと、北伝仏教は考えました。

無《む》眼《げん》耳《に》鼻《び》舌《ぜっ》身《しん》意《い》

【読み下し】眼・耳・鼻・舌・身・意も無く

「大丈夫、安心しなさい」と言われると　心がホッとする

【訳】

「六根」である眼・耳・鼻・舌・身・意も存在しない

空の世界では、感覚器官は存在しない

【語句解釈】

霊峰に登る時に「六根清浄」ととなえますが、その「六根」がこれです。眼・耳・鼻・舌・身・意（心）の六項目です。

説きほぐし（解説）

「六根」である感覚器官は「六境」である感覚対象と連動します。同じく「六識」の感覚作用になります。一つの事柄が互いに絡み合って存在する「縁起」の考え方です。たとえば、一輪の花がここにあるとします。それを私達は六根の一つ「眼」で見るのです。いや六根すべてを使って一輪の花の存在を知るのです。六根すべてを同時に説明すると話が混乱しますので代表の「眼」を例に話を進めます。この一輪の赤い美しい花を「眼」（六根）で認識します。おっとまだ「赤い」「美しい」と表現してはいけません。「赤い」は対象物の「いろ」（六境）を示しています。「美しい」とは、自分の意見で眼識（六識）といいます。整理しますと最初に対象物があります。それを六根（眼）で「花」と認識します。次に六境で「いろ・かたち」を認識します。最後に六識で、自分の

意見や感想が加わります。これらが複雑に絡み合い、あるいは互いに影響を与えつつ存在していると考えました。「花」という対象物も、六根の感覚器官でとらえています。眼で見ています（視覚）。耳で花の声を聞いています（聴覚）。草花を大切に育てている人は、花と会話ができるそうです。「天気が続いているから水をお願いと花が言っている」と言いつつ、草花の世話をしている人の姿を見かけます。鼻で花の香り（嗅覚）を知ります。花を料理に使えば、舌で味わいます（味覚）。花畑で寝転べば、身体に花が触れて（触覚）、花を感じることができます。花を見て、満開まではもう一歩、今が盛りの時期、残念花が散ってしまったと、心で感じています。説明しだすと本当に複雑になります。世の中の姿は時々刻々と変化していますので、今日の感じ方と明日の感じ方は異なります。また、自身の気分という条件が加わると、さらに複雑に変化します。

もう説明が困難になってしまいました。それを一項目ずつ解明しようとするのが、南伝仏教の姿勢です。北伝仏教はすべてのものは「空」と考えて、六根を見つめ直そうとしているのです。そして「無」という言葉で、すべては法則通りに動いているから「大丈夫、安心しなさい」と私達に示しているのです。

無《む》色《しき》声《しょう》香《こう》味《み》触《そく》法《ほう》

【読み下し】 色声香味触法もない

マニュアルを破れば叱られる
マニュアルは破りたくなる

【訳】
「六境」である色・声・香・味・法も存在しない
　空の世界では、感覚対象は存在しない

【語句解釈】
「六根」に対応するのが「六境」です。六境の「色」（いろ・かたち）」は、五蘊の「色（肉体・身体）」とは異なります。解説では六境の「色」を「いろ」と表記して区別しています。

説きほぐし（解説）

「六根」の否定に続きこの節では「六境」を否定します。六根と六境を合わせて「十二処」といいます。十二処に次の節の六識を加えたものを「十八界」といいます。実に複雑で考えただけで頭が混乱します。

ハンバーガー店に行くと、注文の最後に「フライドポテトいかがですか」「アップルパイいかがですか」と問いかけられます。熱心な店員さんだと思っていたら、誰にでも注文の最後に同じ問いかけをするようです。お店で決められているマニュアルだと思います（私にだけ親切に声をかけてくれたと思っていたのですが……）。現代はマニュアル時代。マニュアルを逸脱すると、注意を受けるようです。

南伝仏教は、人間の動きをマニュアル化しようとします。人間の心は複雑ですので、そのマニュアルは煩雑な教理体系になってしまいました（左表参照）。北伝仏教は、南伝仏教を批判することにより、その立場を明確にしてきましたので、『般若心経』では「無……、無……」と繰り返し否定しているのです。マニュアルは確かに存在するが、そのマニュアルを乗り越えろと主張しているのです。

伝統的な教え（南伝仏教）の基盤

感覚器官（六根）	感覚対象（六境）	感覚作用（六識）
眼（め）	色（いろ・かたち）	眼識（視覚）
耳（みみ）	声（こえ・おと）	耳識（聴覚）
鼻（はな）	香（かおり）	鼻識（臭覚）
舌（した）	味（あじ）	舌識（味覚）
身（からだ）	触（ふれるもの）	身識（触覚）
意（こころ）	法（もの・いみ）	意識（認識）

「十二処」は、六根と六境を合わせたもの
「十八界」は、六根と六境と六識を合わせたもの

マニュアルに制限された環境に留まっていると、安全なのですが、無味乾燥のつまらない毎日に

なってしまいます。いや、途中からマニュアルに留まることすら大変です。マニュアルに束縛され、マニュアルを守るために苦しまなければなりません。その証拠が、店員さんのマニュアルどおりの対応です。何だか心をこもっていない味気ない対応だと感じています。人間はロボットではないと、叫びたい心境です。北伝仏教は、その叫びなのです。『般若心経』では、マニュアルにこだわるな、マニュアルの殻を打ち破ってもっと大きな世界へ羽ばたけと、主張しているのです。

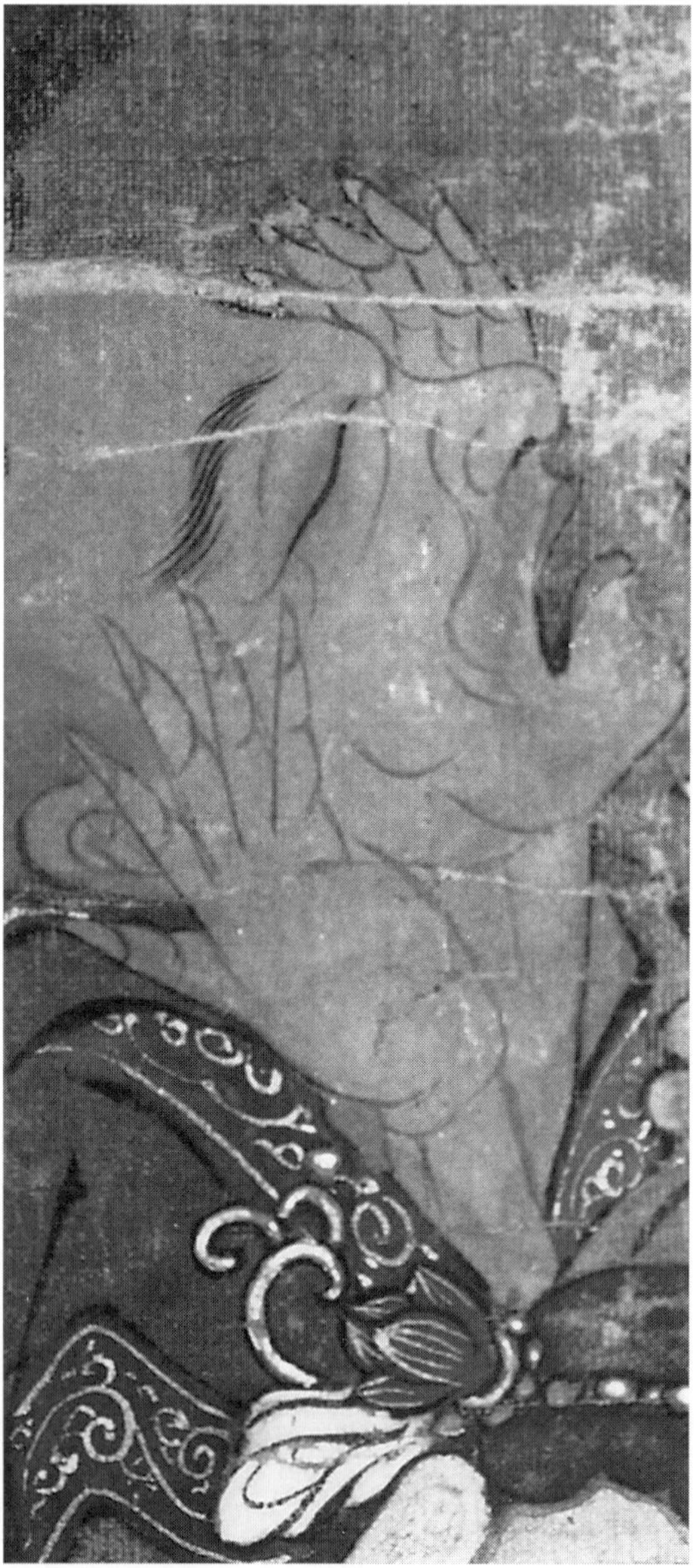

無《む》眼《げん》界《かい》乃《ない》至《し》無《む》意《い》識《しき》界《かい》

【読み下し】眼界もなく、乃至意識界もない

歩む方向が明確になると胸を張って歩める

【訳】
目に映るものから、意識するものまですべて空である
眼界から意識界までの「十八界」も存在しない

【語句解釈】
乃至は、「以下同様である」の意味です。十八界を否定するのですが、最初（眼）と最後（意識）を登場させて、以下同様といっています。

説きほぐし（解説）

五蘊では肉体と心を分けますと、「色」が肉体、「受・想・行・識」が心と分類することができます。圧倒的に心の部分が多いから、さすが心の平安を目的とする宗教の立場をよく表していると、思っていました。しかし、六根（六境・六識）では逆になります。肉体は「眼・耳・鼻・舌・身」の五項目で、心の部分は「意」の一項目です。身は「からだ」と読みますので、肉体と考えがちですが、六境、六識を見ますと「ふれるもの、触覚」とありますので、身は、皮膚と考えるのが妥当です。そうすると身は、心でなくて肉体に分類されます。十八界での心の部分は、「意（根）・法（境）・意識（識）」になります。五蘊の逆で、圧倒的に肉体の部分の解説が多くなっています。この違いは何を意味しているのでしょうか。

『般若心経』は「空」の説明の時、まず色（肉体）を取り上げました。色（肉体）の中身は、眼・耳・鼻・舌・身（皮膚）でした。肉体の各部分を一つずつ否定するより、一度にまとめて否定した方が、相手に対する衝撃は大きいと考えたのです。事実、私達は自分の肉体が存在しているという絶対的な基盤を持っていますので、「色」の否定は大きな衝撃でした。先制パンチを食らった状態です。そのように考えますと、項目の少ない部分を強調したいのではないかと推察できます。つまり五蘊では「肉体」の部分の否定、十八界では「心」の部分の否定を説いているのです。「心」とは、意識界です。この節の理解してもらいたいポイントです。では、意識界とは何でしょう。

「心」の文字は、はあなたを含むすべての人々に共通する心の動きを説いています。「受・想・行・識」でした。「意識」はあなた限定の心の状態です。意識界は、誰にも束縛されないあなただけの心の状態を、取り上げているのです。自分の心と向き合ってみると、欲望と不安に満ちた心の状態でしょうか。いや、私は欲望も不安も克服した晴れ晴れとした心の状態ですと断定される人は、「慢心」という迷いの心に覆われているのです。生きているということは、常に迷いの心との出会いではないでしょうか。だからはっきりと私達が歩むべき方向を示してくれる存在が必要なのです。「そっちじゃなくてこっちだよ」と、常に声をかけてくれる存在が、私達にはどうしても必要なのです。

閑話

迷いの正体

仏教では迷いの心を「貪《とん》・瞋《じん》・癡《ち》・慢《まん》・疑《ぎ》・悪見《あくけん》」と分類します。簡単にその内容を見てみます。

「貪」は、貧欲、欲望、貪りの心です。お釈迦さまは私達に「無欲」ではなく「少欲」を説いておられます。「貪」に対しては、知足の心で接することが大切です。

「瞋」は、怒りです。「瞋恚《しんい》の害はもろもろの善法を破り、瞋心の害は猛火よりもはなはだし」と説かれています。消火に手間がかかる猛火も、最初の火種はコップ一杯の水で消すことができる小さなものです。猛火になる前に、自身でコントロールする必要があります。

「癡」は、真理に対する無知、つまり「おろかな心」です。具体的には「愚痴」です。「而今」という現実から過去の幻影への逃避です。夢や幻の世界では生活できないことに早く気が付く必要があります。「癡」も「痴」もやまいだれが使われています。やはり心の病気のようです。

「慢」は、のぼせること、おもいあがりです。自慢、増長慢の心持ちです。今風の言葉では「上から目線」です。物事の成功者がおちいる迷いです。

「疑」は、うたがいです。一般に使う「うたがい」とは違い「仏の教えをうたがう」ことを意味します。正法（正しい仏の教え）に耳を傾けずに、自分の誤った信念にこだわることです。

「悪見」は、誤った見方です。「見」は、思い込み、こだわりです。つまり自分の都合の解釈で

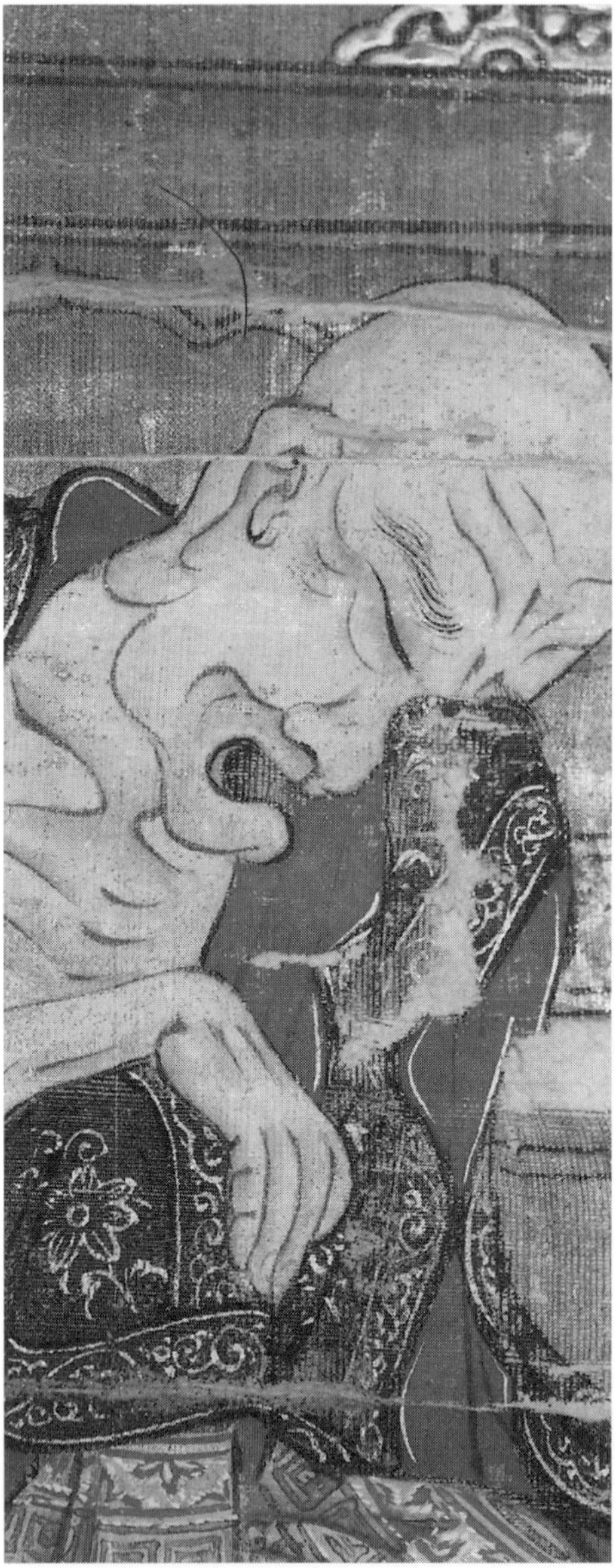

あり、自分流の解釈です。解釈の中心に「自分」の存在があります。

迷いの心で最初の貪瞋癡の三種を特に「貪瞋癡《とんじんち》の三毒《さんどく》」または「三毒」と言います。南伝仏教はこれらの迷いの心を完全に消滅させることが肝心と主張しました。北伝仏教は、生きている限り完全消滅は無理であると主張し、消滅よりコントロールに重点を移しました。読者の皆さまは、南伝仏教か北伝仏教か、どちらが身近な教えになるでしょうか。自分自身にとって、どちらの考えの方が実行可能でしょうか。少し冷静に考えてみる必要があります。

無無明《むむみょう》

人生の正解は　定め難し

【読み下し】無明もなく

【訳】

無知でいる必要もなく
智慧の心でみれば

【語句解釈】

「無・無明」と区切ります。無明を否定している一節です。無明とは、智慧の反対の言葉です。

説きほぐし（解説）

声を出して『般若心経』を読むと「無・無・無」と続きますので、心地よいリズムです。しかしその内容は、私達にとっては簡単に理解できません。声を出して『般若心経』を読むと、リズムよく耳に響き、内容を理解したような気分になりますが、やはりそれは勘違いです。一節ずつ取り出して目の前に出されると、さてどのように解釈すべきか、筆が鈍ります（ただし私はパソコンで原稿を書いていますが）。

私は原稿を書くのにパソコンを用いています。筆と硯で紙に文字を書いていた人たちはきっと大いに驚くと思います。原稿を書くのに筆は必需品と主張します。万年筆を愛用した文豪は、万年筆こそが必需品と主張します。鉛筆を愛用する漫画家は、鉛筆がなくては仕事にならないと言います。

この中で、誰が正しい主張をしているのでしょうか。全員がそれぞれ正しい意見なのですが、自分の立場に固執すればするほど、相手の立場を認めなくなります。「無無明」は、自分の主張を横に置いて、相手の主張にも耳を傾けよと呼びかけているのです。

「明」は、「明るい」という意味ではありません。智慧を意味しています。それを「無明」と否定していますので「無知」になります。「無明」は、真実に気づかず、智慧がないことです。原稿を書くに○○が必要と執着することです。ここではさらに「無明もなく（無・無明）」とさらに否定しています。無知であることから脱却して執着を取り去れば、もっと自由になれると主張しているのです。

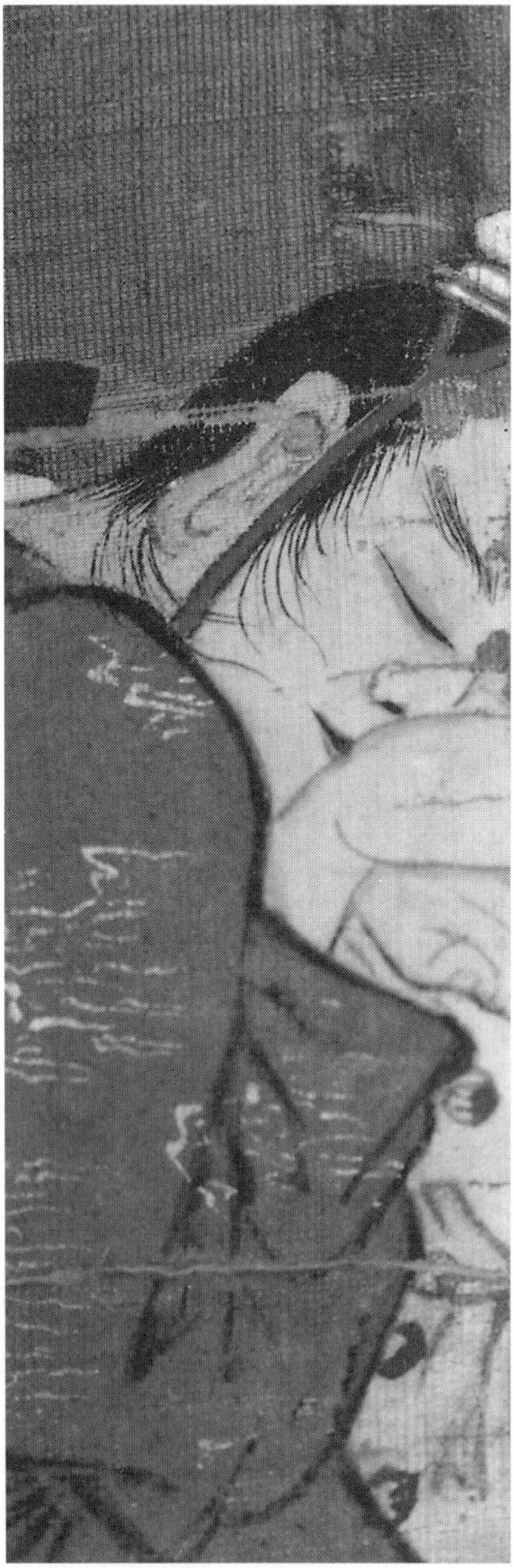

亦《やく》無《む》無《む》明《みょう》尽《じん》

【読み下し】 また無明の尽きることも無くる

ゆったり　のんびり　心の洗濯も必要

【訳】
無知から抜け出して悟ることも無い悟りにこだわると、全体が見えなくなる

【語句解釈】
語句を区切りますと「亦・無・無明・尽」となります。迷い、煩悩である「無明」が尽きる（なくなる）と「悟り」の状態です。つまり「無明尽」は、悟りを意味します。

説きほぐし（解説）

『般若心経』は「空」を説く教えですが、現実には確かに苦しみや悩みが存在し私達を悩ましています。苦しみや悩みを克服するには、先入観を捨てて考え直してみては、と問いかけているのです。先入観は、思い込みや、偏った考え、自分勝手な考えです。原稿を書くには○○が必要と考える思い込みです。先入観を捨てる。先入観にとらわれない。簡単なようですが、実行はなかなか難しいのが現実です。リーマン・ショックで経済が疲弊した時、誰もが生活が大変だと主張しました。バブル最盛期に比べて資産価値がこれだけ下がった、収入がこれだけ下がったと、大騒ぎしました。が、食糧不足で栄養失調になり、それが原因で亡くなる人はいませんでした。不況だと言いつつ、ブランドの高級品が売れ、不況で食べ物が手に入らないのかと思いきや、ダイエット食品が売れる、

こんな世の中は、不況ではなく、贅沢な世の中であると見ることもできます。と、先入観を捨てて自分の足元を点検してみると……。『般若心経』が説く仏の智慧です。

「無明尽」も先入観を捨てて、点検してみる必要があります。あなたは「悟り」に対してどのようなイメージを持っておられますか。呪文などで世の中を自由にコントロールできる能力と考えている人は、イメージを少し膨らませすぎです。悟りイコール超能力と考えた人は、間違った考えの方向に進もうとしています。では、苦悩や迷いのない心の状態が「悟り」ではと考えます。それは南伝仏教の目指す「悟り」です。南伝仏教の「悟り」を手に入れた人は、どんな場面に出会っても、心が動揺することがありません。悟った人は、愛する人との別離の場面でも、涙一つも流さないのですよ。ため息一つも出さないのですよ。それはそれで、立派な態度だと思います。でも、そんな人と付き合うとしたら、窮屈に感じませんか。

相手を窮屈に感じさせる「悟り」とは、本当の悟りであろうか、と疑問を投げかけたのが北伝仏教の立場です。南伝仏教はかたくなに煩悩を否定します。煩悩の消滅した状態を目指します。どちらのスタイルがあなたにとって身近な教えでしょうか。じっくりと自分の足元を点検する必要があるようです。私は愛する人との別離の場面では、いっぱいの涙で見送りたいと考えています。また、多くの涙で見送ってもらいたいと思っています。

閑話

枯木寒巌《こぼくかんがん》

その昔、聖者のごとき清き生活を送っていた僧がいました。道心堅固にして学識もあって修行態度は立派なものでした。この僧に一人の老婆が惚れこみました。老婆は僧のために庵を寄進し、毎日の食事も供養しました。それが二十年にも及びました。老婆は「もうよかろう」と思い、この清僧の人柄をテストすることにしました。そのテストというのは、美女に言い含めて僧を誘惑させるものでした。僧は美女に言いました。「枯木寒巌によりて、三冬に暖気なし」。つまり断崖絶壁にへばりついている枯木が、冬の三か月間、一向に暖気がないように、私の心は悟りきっている。誘惑なんかに心は動きませんというわけです。さすが修行を積んだ人は違うと思われるでしょうが、美女から報告を受けた老婆の反応は違っていました。「私は二十年間、こんな俗物を供養していたのか」というものでした。そして僧を庵から追い出してしまいました。それだけでは満足できずに、庵を焼いてしまいました。これが「婆《ば》子《す》焼庵《しょうあん》」という話です。「枯木寒巌」つまり一切の煩悩がなくなった状態であるというのです。「枯木寒巌」を認めるのか認めないのかの問題です。どちらが正しいかという問題ではありません。老婆の評価は「枯木寒巌」は「俗物」と解釈しました。美女を病気で苦しんでいる人に置き換えますと、老婆の真意が見えてきます。

放射線治療

世界的に評価の高い日本の音楽家が、咽頭ガンとの報道がありました。報道では、その音楽家は日頃から反原発運動に関わっているので、ガン治療に関して放射線治療を拒否するというものでした。驚きました。ファンは、大変心配しました。咽頭ガンは、放射線治療をするとかなりの確率で治癒できる病気だそうです。それを、拒否する。日頃の反原発の姿勢を自分の都合で曲げない姿勢に感動すら覚えました。よく考えると、福島の原発は放射能で苦しんでいるのです。でも最初は放射能の平和利用といわれていました。将来のクリーンエネルギーといわれていました。すべて幻影であったと思います。二度と原発の事故が起きないように、反原発の運動が展開されているのだと思います。放射能利用に反対する。この音楽家は、病院のレントゲンやCTの検査も放射能を利用しているのだから、一切を認めない。利用に反対する。ましてや、放射能治療など今までの運動の一貫性に反するから拒否するとの報道であった。

私は、自分の命の延命のために、入院中はさんざんレントゲンやCTのお世話になった。もちろん放射線治療も受けたわが身であった。志の高い人はいるのだなと感心した。人生、どんな行動をすれば正解であろうか。一晩中考えていた。次の日、あの報道は誤報であったと伝えていた。音楽家は、ニューヨークの病院で世界最高峰の放射線治療を受けるようですと伝えていた。ファンは一安心であろう。同時に、私は「古木寒巌」の話を思い浮かべていた。

閑話

ほどよい加減

「ここに大きな池があったとしよう。そこに象がやってきて、水浴びをはじめた。その様子を、兎が陰から見ていた。とても気持ちよさそうなので、象が帰ったあと、兎は自分も水浴びをしようと、池に飛び込んだ。象にとっては、浅い池であるが、兎にとっては、ものすごく深い池であった。兎は驚いて池から逃げていった」

お釈迦さまのお諭しの言葉ですが、ほどよい加減の基準点は定めにくい。いや、基準点など存在しないのです。存在しない基準点を後生大事に抱えていても、何の役にも立たないことに気がつくべきです。

乃至無老死《ないしむろうし》

若いときは二度とないと同様
老年も二度とない

【読み下し】乃至老死も無く

【訳】
あるいは老死もなく
四苦（生老病死）の執着もなく

【語句解釈】
前項の「無明」から引き継いで「老死」までと中間は「乃至」の言葉で省略されている。省略されているのは「十二縁起」です。十二縁起は、無明・行・識・名色・六入・触・受・愛・取・有・生・老死の十二項目で、命の連鎖を説いています

説きほぐし（解説）

「乃至」は省略の意味です。最初の「無明」と最後の「老死」を引き合いに出して、中間の部分は、いちいち例に出さずに省略しています。省略の部分は「十二縁起」ですがその各項目の解説は後にいたします。ここでは「十二縁起」の言葉を覚えておいてください。

「少年老い易く学成り難し　一寸の光陰軽んずべからず」と成長期を有意義に過ごそうという格言です。若いときは二度ないからしっかり歩みなさいと、大人の使う言葉でもあります。確かに若いときは二度とないのは事実ですが、中年も老年も二度とない時間を過ごしています。若い時間帯に格言が存在することは、若い時代は人生の準備期間と考えているようです。しかし、私達の人生は、それぞれの時間帯に固有の幸せが存在するはずです。若い時から我慢に我慢を重ね、一気に幸せを

手に入れようとするから、無理が生じてしまうのかもしれません。前段の閑話を読み返してください。象に適した池でも、兎には深すぎて役に立ちません。逆に兎に適している池は、象には小さすぎます。幸福感を型にはめるのではなく、各自によって異なることを知らねばなりません。他人の幸せを羨ましく思うのをやめましょうと、『般若心経』は私達に説いているのです。

ガンに負けない

口内予防

入院中、歯磨きの指導を受けました。抗ガン剤を入れますと、免疫力が著しく低下します。口の中の雑菌が繁殖しても、免疫力がありませんので、雑菌を退治することができません。歯磨きをして口の中を清潔に保ってくださいと、看護士さんから丁寧な説明を受けます。朝晩の歯磨き。三度の食後の歯磨き。寝る前には、就寝中の雑菌の増殖を抑える、液体の薬を五分間ほど口に含みます。もちろん、うがいも丁寧にします。看護士さんからの指導を受けた時に、私達の口の中には雑菌がいっぱい存在していることに驚きました。歯が痛くなり歯医者に駆け込んで、虫歯菌か、あるいは歯周病菌が原因であることを知る程度です。普段は、口の中の雑菌の存在などあまり気にかけていません。身体の免疫力が守ってくれているのです。

抗ガン剤を入れて体内の免疫力が低下しますと、必ず口の中のトラブルが生じ、口内炎を引き起こします。口内炎は痛みと共に、食欲減退の要因にもなります。できたら避けたい口の中のトラブルですが、眼に見えない雑菌の仕業ですので、看護士さんの指示に従い、歯磨きとうがいを欠かさずに続けるほかありません。ごまかしたり、手を抜いたりすると、たちどころに自分に跳ね返ってくる病気でもあります。口内予防は、一つの行為が必ず他に影響を与えるという、仏教の考え方を証明できるひと時でもあります。

無菌室にいる私に、歯科の先生が歯の診察に訪れました（私が歯科の外来に出向けませんので、先生の出張です）。「口内炎もありませんし、虫歯もありません。口の中は順調です」とほめてもらいました。入院治療中、抗ガン剤を入れられても、食欲は落ちませんでした。そして、口内炎も起きませんでしたので、毎日美味しく三度の食事を続けていました。三度の食事はすべて完食でした。それは、丈夫な歯を持っていたお蔭だと思います。丈夫な歯は両親からの贈り物です。改めて両親に感謝です。

亦《やく》無《む》老《ろう》死《し》尽《じん》

【読み下し】また老死の尽きることもなし

心に余裕　時間に余裕
財布の余裕は縁がない

【訳】
老いと死（老死）がなくなることもない
老死（十二縁起）に執着すると、自由な発想ができない

【語句解釈】
「老死尽」の状態は、老いや死の恐怖を克服した状態です。これは「悟り」をあらわしています。そして「無」の言葉で二重に否定しています。

説きほぐし（解説）

老死の原因は、この世に生まれたから生じる問題です。だから「生」が原因です。では「生」の原因は……。そのように原因を突き詰めていくと、私の命の最初は卵子と精子の出会いでした。もっと原因を突き詰めると卵子、精子の存在とは……。お釈迦さまは「無明」という状態が最初と考えました。これが「十二縁起」の考え方です。ここでは、縁起についてもう一度考えてみたいと思います。

「縁起」は日本語読みに直しますと「縁（よ）りて起（お）こる」になります。お釈迦さまの言葉で紹介しますと、

「これあれば　かれあり

これなければ　かれなし
これ生ずるがゆえに　かれ生じ
これ滅するがゆえに　かれ滅す」
と、縁起を二種類に分けて説明されています。
前半の部分は、相互依存の縁起です。今私達が眼にしている世の中の姿です。男の存在は女の存在があるからです。女の存在がなければ男の存在もないのです。長い・短い、多い・少ないの問題（悩み）も相手があるから摩擦が生じるのです。単独で長いものは存在しません。単独で短いものも存在しません。相互依存縁起は、「支えあっている世の中」と訳することができます。支えあう条件として、私達は自分の気に入る部分だけを支えあおうと、選り好みしますが、『般若心経』では、その選り好みを否定しているのです。

閑話

葦束《あしたば》の譬え

相互依存縁起を理解するときにすぐれた譬え話があります。

「友よ、では、たとえでもって説いてみよう。友よ、たとえば、ここに二つの葦束があるとする。それらの二つの葦束は、相依っている時、立つことができる。それとおなじように、これがあるからかれがあるのであり、かれがあるからこれがあるのである。だがもし、その二つの葦束のうち、一つの葦束を取り去れば、他の葦束もまた倒れるであろう。それとおなじく、これがなければかれはないのであり、かれがなければこれがないのである」

大変優れた譬え話です。世の中は自分一人では存在できないのです。気に入らぬ人の存在を否定しますが、気に入らぬ人の存在も、大変重要な存在であると、発想の転換が必要なようです。

「これ生ずるがゆえに……」の部分は、時間経過の縁起です。相互依存縁起は座標軸の横軸を示していましたが、時間経過縁起は、縦軸を示します。過去、現在、未来の時間の経過を説いています。縁起の法則は明々白々ですが、自分のことになると例外を作ってしまうようです。「私はいわれなき仕打を受けている」と「いわれなき」の言葉で縁起を否定します。あるいは「できる、できない」「有能、無能」とすぐに区別してしまいます。どうすれば素直に縁起を理解することができるのでしょうか。葦束の譬えのように、相手がいなければ自分も倒れてしまうのですから、相手も大切にしなければならない。自分の立場ばかり主張するのではなく、相手の立場に立って物事を考えてみよう。それから結論を出そうと、少し心に余裕を持つことが大切なようです。

無苦集滅道《むくしゅうめつどう》

摩訶不思議
正しいと正しいがぶつかると
喧嘩になる

【読み下し】 苦・集・滅・道もなし

【訳】
四つの真理もこだわれば迷いになる
四聖諦の考えに執着するな

【語句解釈】
「諦」は真理をはっきり認識することを意味します。真理をはっきりさせるとは、気に食わない姿を、そのまま受け入れることです。

説きほぐし（解説）

南伝仏教では、四諦《したい》という教理（考え方）があります。「四つの真理」という意味で、苦諦《くたい》（生存は苦である）・集諦《しゅうたい》（苦の原因は、煩悩・執着である）・滅諦《めったい》（原因を滅すれば理想の状態が手に入る）・道諦《どうたい》（滅を実践する方法は、八正道である）で、「四諦」「四聖諦」と呼んでいます。『般若心経』は、ここでも「四聖諦」という教理を否定しています。四聖諦が間違いと主張しているのではなく、それにこだわり続ける「あやうさ」を批判しているのです。

四諦を説明するために、医者と患者の関係に置き換えて考えてみましょう。患者は熱が出て咳が止まりませんので、病院に駆け込みます。医者は、熱と咳を止める薬を投与しますが、それは対症療法です。名医は熱と咳の原因は何かと、その根本原因を考えます。そして根本治療を施します。

私達は対症療法で済ましてしまいますので、何度も何度も同じ苦しみに出会うのです。お釈迦さまの治療は、もちろん根本治療を目指しています。

医者は患者の状態を、よく知る必要があります。だから、最初に患者を診察します。この診察が「苦諦」に当たります。次に、この患者の病気の根本原因を考えます。熱が出ているのであれば、熱が出ている原因を考える必要があります。お釈迦さまは私達の苦しみの根本原因は、欲望にあることを見抜かれました。この段階が「集諦」です。発熱で苦しむ私達は、対症療法で熱が下がりそれで満足してしまうようです。根本部分の問題解決を考えませんので、何度も同じ苦しみ（失敗）を繰り返すのです。

「滅諦」は、理想の治療方法が見つかった状態です。少し冷静になって考えてください。名医の知識と経験、現代医学の英知を結集して、あなたの治療方法が見つかったのです。「有り難い、助かった」と思わず叫びたくなります。「道諦」は、治療方法が定まりましたので、その方向に向かって、歩み始める必要があります。実行、実践の生活です。肥満を指摘され、名医があなたにふさわしいダイエットプランを作成したとします。本当に素晴らしいプランです。しかし、実行、実践するのは、あなた自身です。あなた自身が、一念発起して、自覚を持って運動を始めなければ、肥満は解消されません。お釈迦さまの教理体系は、現代医療とそっくりです。でも、最後は、その道を信じて歩む、自分自身の問題です。あせらず、ゆっくり、ボチボチのペースで毎日を過ごしたいものです。

苦の原因を滅する実践方法を示しているのが「道諦」ですが、実践項目として具体的に示しているのが「八正道《はっしょうどう》（八つの正しい道）」です。

八正道とは、

①正見《しょうけん》　正しい見方　②正思《しょうし》　正しい思索
③正語《しょうご》　正しい言葉　④正業《しょうごう》　正しい行い
⑤正命《しょうみょう》　正しい日常生活　⑥正精進《しょうしょうじん》　正しい勤め
⑦正念《しょうねん》　正しい注意力　⑧正定《しょうじょう》　正しい精神統一

「八正道」には、正しいという条件が付いています。この「正しい」という言葉の基準点を知ることは、大変困難です。利益を求めて猛烈に仕事をしたり、受験のために猛勉強をする。一見正しい行動のように思いますが、自分の欲望のために動いているのであって、正しい動きではありません。正しさは、自分勝手に判断をせずに、お釈迦さまに判断を委ねるべきです。

閑話

滅《めっ》諦《たい》

「滅」の語源は、抑制する、コントロールするという意味です。「欲望を一切なくする」という意味ではありません。南伝仏教では、「欲望を一切なくする滅」の状態を追い求めました。それに対して北伝仏教は、生きている限り、欲望を全部なくすることは不可能であると主張し、欲望のコントロールに重点を置きました。

ここからが大切な私達の選択の部分です。南伝仏教に賛成するか、北伝仏教に賛成するか、どちらの主張に耳を傾けるのかが、大切な問題です。仏教を信ずることは、強制ではありません。仏さまに心静かに手を合わせている、あなたの問題なのです。

日本では、欲望の否定より抑制の方を、身近な教えとして捉えました。「欲望を完全に消滅させなければならない」と力む、そのこだわりを捨てよと、『般若心経』は説いているのです。

閑話

茶碗をぶつけると

茶碗と茶碗をぶつけると、どちらかが欠けるか、あるいは両方が欠けてしまいます。茶碗と綿をぶつけると、どんなに強くぶつけても茶碗も綿も壊れることはありません。このことを私達の人間関係に当てはめてみましょう。茶碗が乱れ飛ぶのであれば、喧嘩の場面になってしまいます。私達は、喧嘩の原因は相手にあると考えています。正しいのは自分で、正義は自分の懐にあると思っていますので、相手の言葉に耳を傾けようとしません。正義は「かたくなな心」です。まさに心は「茶碗」状態です。相手も正義は我にありと思っていますので「茶碗の心」です。どちらに正義があっても、ぶつかれば、残るのは「しこり」だけです。

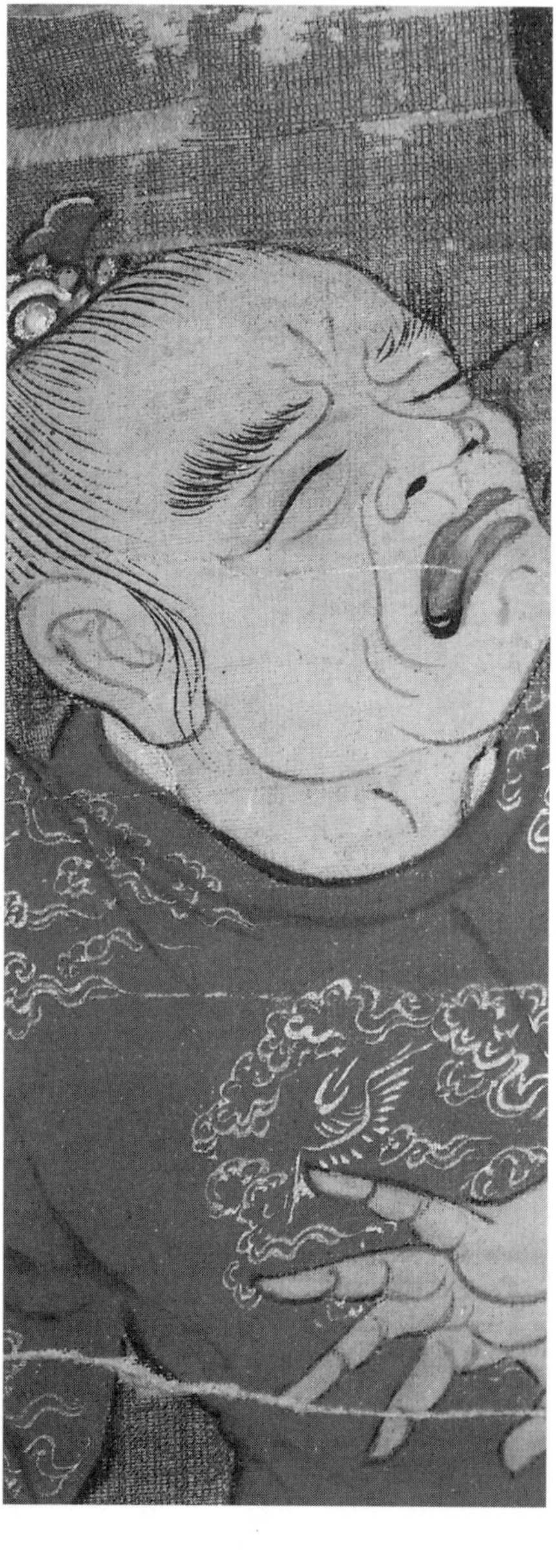

相手が綿の心に変化してくれれば、どんなに強くぶつかっても壊れない。相手が譲るべきだと考えますが、この方法は大変手間がかかります。相手の心を変えることは至難の技です。相手の心より自分の心を茶碗から綿に替えた方が、早く問題解決を手に入れることができます。どちらに正義が存在するかが大切な問題ではありません。喧嘩をしない心穏やかな毎日を過ごすためには喧嘩を回避する方法を大切にしなければなりません。世の中は無常なのですから、喧嘩を回避する方法を実践、実行しなければなりません。

無《む》智《ち》亦《やく》無《む》得《とく》

奪い合うのが人間の知恵
譲り合うのが仏さまの智慧

【読み下し】 智もなくまた得もなく

【訳】
智慧を理解することもなく、得ることもない
こだわりを捨てると、自由な発想が生まれる

【語句解釈】
「智」も「得」も大切な境地です。これを否定しているのではありません。その境地にこだわり自慢することをいさめているのです。

説きほぐし（解説）

皆さんは、「無」の文字を見て、どのようなイメージをもたれるでしょうか。一切何もないフラットな状態。何もない真空の状態。何もないから心が穏やか。多様な意見が出てきます。今、私達はお釈迦さまの主張に耳を傾けようとしているのですから、あなたの解釈を少しひっこめて、お釈迦さまの言葉に「無」の解釈を求めましょう（もちろん北伝仏教の解釈です）。「無」を「こだわるな」「こだわりを捨てよ」と置き換えると、『般若心経』の意図が少しは明確になります。

この段の「無智」も、智慧だけにこだわってしまうと、物事の本質を見失ってしまいます。本質を理解するためには、智慧だけにこだわるな、と主張しているのです。たとえば、ガンの予防薬として味噌汁を飲むことに効果があると知ったとします。これが智慧です。そのことのみに「こだわ

る」のであれば、一日に味噌汁を何杯も飲みたくなります。智慧にこだわり何杯も飲み続ければ、高血圧という病気を引き起こす原因になります。かたよらない、適度のバランスが大切であると説いているのです。

「無得」の得は、悟りを得ることです。悟りを得ることのみにこだわった修行は、味噌汁の取り扱いと同じで、バランスの悪い修行です。「悟り」を手に入れても、一般社会と乖離していては、役に立たない「悟り」です。「悟り」を「教育」に置き換えてみましょう。小中学校の教育は、広く浅い知識を子供たちに理解させる教育です。反対に、狭い範囲をより深く専門的に学ぶのが、大学や大学院、専門学校です。どちらも学ぶことにおいては同じですが、内容は大きく違います。教育に、知識の豊富さを求めるのか、浅い知識でも社会の適合を求めるのか。求める者のニーズの違いです。『般若心経』は、適度のバランスを説いていますので、『般若心経』が主張する教育論は、人々と仲良くやっていくバランスの良い知識を身に付けた人間形成を目指しています。「悟り」を得た自分だけが特権階級で、その人だけが特別に飛び抜けた存在であり、それを立派であると解釈しがちですが、『般若心経』では「無」とあっけなく否定しています。南伝仏教と北伝仏教では、目指すべき方向が、大きく違うようです。一点集中の知識を模索するのか、広く浅い知識を理解し実践するのか。最初から教育論が違っているようです。

ところで「智慧」と「知恵」の違いは何でしょう。疑問に思っていましたがある書籍に「奪い合うのが知恵、譲り合うのが智慧」と示されていました。多くのサラリーマンは、毎朝満員電車で自分の席の確保を目指します。誰もが座席に座って楽に移動したいと思っていますので、ライバルは多数存在します。長年の経験と人より勝るフットワークで、座席獲得レースに参加しています。「知恵」の文字は、通勤電車内の座席の確保という自身の欲望を満たすために、頭を働かせ身体を動かすことを表現しています。知恵の文字には自身の欲望が混在しているのです。「奪い合うのが知恵」の言葉が当てはまります。一方「譲り合うのが智慧」の言葉は、満員電車内でせっかく手に入れた座席を目の前の人に譲る行為です。目の前の人は老人やケガ人、妊婦や子供ではありません。目の前の人はどう見ても自分より体力、財力を持っている人です。その人に自分の席を譲るのです。「そんな人に座席を譲るなんてできない」「不条理だ」と心の中で叫んでしまいます。その不条理に向かって行動することが仏教信者の行動（修行）なのです。社会的ハンデのある人に席を譲ることは、当たり前のことで修行になりません。道徳律の解決策です。仏教は「仏になるための教え」という目線で考え行動しますので、私達には、「不条理」の解釈しかできないようです。どうしても席が譲れないあなたは、いつものように目を閉じて（寝たふりをして）自分の降車駅までじっと忍耐の時間です。

以《い》無《む》所《しょ》得《とく》故《こ》

人生の正解など存在しない
存在するのは己の足跡

【読み下し】 無所得を以ての故に

【訳】
悟りが得られるということもない
執着しない行動が、穏やかな心の源泉である

【語句解釈】
無所得は、現代用語は収入がない経済用語ですが、仏教語では、悟りを得ることがないことを意味します。

説きほぐし（解説）

所得は、「知覚する」「認識する」を意味します。さらには「悟りを得る」という意味もあります。所得を「無」で否定していますので、悟りを得ることもないと説いています。禅の修行は、悟りを得る（所得）ために行っていると思われがちですが、その解釈は間違いです。超能力を得るために坐禅をする。その解釈も間違いです。「禅の修行は、自分を見つめなおし、自分の限界を知ることです」と恰好を付けても、それも「無」と否定してしまいます。悟りまで否定されてしまうと、さすがにどのように行動すべきか迷ってしまいます。

頓智で有名な一休さんの逸話。衝立に描かれたトラを退治するようにとの難題。一休さんが坐禅をして超能力を手に入れていれば、生きているトラを出現させたでしょう。一休さんの回答は「誰

か衝立《ついたて》からトラを追い出してもらいたい。そうすればこの縄でトラを捕えて退治いたしましょう」との答えでした。「衝立からトラを追い出せ」との難題であれば、一休さんはどのように答えたでしょうか。般若湯をたらふく飲み一休さんがトラになって暴れる、不可能だと開き直る、今日は都合が悪いと言い訳をする、答えは色々考えられます。そうなのです。人生の絶対の回答など存在しないのです。絶対の回答がないのに、絶対の回答があると思いこみ、それを手に入れようと、もがき苦しんでいるのが私達です。『般若心経』では、その私達の固定観念を打ち破り、私達に「やわらかな心」「やわらかな考え方」を理解させようとしている経典なのです。

『般若心経』の解説も中盤にさしかかってきましたので、少し前半部分を振り返ってみます。前半は「無…無…無…無…」と繰り返されていました。南伝仏教の人々は、お釈迦さまの教えをそのように考えていますが、私達（北伝仏教）は、そうは思わないと、「無」の文字を用いて主張しているのです。北伝仏教は南伝仏教を否定することにより、存在する教えです。相手を批判するためには、相手の教理を理解する必要があります。これが北伝仏教のポジションです。

仏教信者の目的は、この岸（此岸）からかの岸（彼岸）へ渡ることです。この岸は、今私達が過ごしている世界です。この岸で私達は、あればあると苦しみ　なければないと苦しむ、心はいつ休まるのかと、問いかけられています。欲望が満ちて、少しも心が休まらない。休まらないどころか、寿命が縮まってしまうほどストレスのたまる世界なのです。かの岸は、反対に心の穏やかな平和の世界です。この二つの岸（世界）の間に大きな川が存在し、向こう岸に渡りたいと思っている私達の妨げになっているのです。この川を渡る方法の違いが、南伝仏教と北伝仏教の違いなのです。

この川は、大きくそして流れが急ですので、泳いで渡るには相当の覚悟が必要です。衣服を身に付けていては、泳ぐのにじゃまです。もちろん、今まで大事にしていた財産など持っては渡れません。裸になって、一切の財産を捨てて…。さらに家族を連れて渡ることは、不可能です。家族はこの岸に残して、初めて挑戦可能な状態になるのです。この状態が「出家」です。大切な財産を手放し、裸になる。家族とも縁を切り、独り身になる。その状態が「出家すること」です。出家した者だけが、この川を渡る資格があるのです。出家した者全員が向こう岸に渡れる保証はありませんが、「出家」という挑戦権を最初に手に入れなければ、向こう岸に渡ることはできません。これが南伝仏教の考え方です。

では、北伝仏教はどのようにして向こう岸に渡ろうとしているのでしょうか。興味が湧いてきます。北伝仏教は、南伝仏教を批判することにより成り立っていますので、当然このような出家主義に反対をします。出家者というエリートだけが救われるのは、お釈迦さまの精神に反するのではないかと、主張するのです。出家・在家にこだわらず、あらゆる人々が救われる、それが仏教の立場であると、北伝仏教は、そのように考えたのです。「皆が向こう岸に渡る方法は」と、疑問に対する回答を知りたいですね。『般若心経』では、後半部分にその疑問が解き明かされています。疑問のヒントは、一休さんの衝立のトラに対する対応です。絶対の正解など存在しなければ、人生の問題を「やわらかな考え」で見つめ直す。案外肩の荷が軽くなる教えかもしれません。

閑話

阿難の悲劇

テレビのクイズ番組を見ていると、優勝者は多方面にわたりたくさんの知識を持っているものだと感心させられます。たくさんの知識を持つことを、現代社会では要求されているようです。学校においては、如何に多くの知識を持っているかのテストが繰り返されています。知識を多く持っているものが、「良い子・できる子」であるようです。会社でも知識は情報という言葉に置き換えられ、ライバルの会社より多くの情報、新鮮な情報を手に入れることが、企業サバイバルレースの重要な要素となっています。「多聞第一」という言葉は、現代の世相をピッタリと表しているように思えますが、はたしてそうでしょうか。

釈尊の弟子の中で、「多聞第一」と呼ばれていた人物がいました。名前を阿難尊者。彼は釈尊の晩年の二十五年間、侍者として仕えました。侍者というのは、釈尊の身の廻りの世話をする仕事です。彼は釈尊の最後の説法も聞き、臨終にも立ち合いました。だから阿難は誰よりも釈尊の説法を聞いたのです。まさに「多聞」（知識・情報）に関しては「第一人」でした。が、阿難は釈尊が入滅したときも、まだ真の悟りに到達していなかったといわれています。

釈尊の説法を多く聞き過ぎたがゆえの、悲劇でした。釈尊から聞いた教えの数が多すぎたために、彼は頭でっかちになってしまったのです。

私達は日常生活において、如何に頭でっかちになろうかと苦労しているようにも思えます。

知識をつめ込み、情報を人より早く手に入れることにあくせくしているのです。釈尊の弟子の阿難尊者の苦悩を、私達は自分と置き換えて考えてみる必要がありそうです。

「十二縁起」について

北伝仏教の立場を明確にするために、南伝仏教の基本教理を知らねばなりません。この「十二縁起」も仏教の基本教理です。本文で解説しますと煩雑になりますので、ここで解説を試みます。結果的に『般若心経』においては「十二縁起にこだわるな」と主張しているのですが、仏教の理解を深めるためには、避けて通ることはできません。お釈迦さまは成道の時、菩提樹の下で坐禅をされました。その時この「十二縁起」にたどり着かれたのです。

お釈迦さまは、人生の無常や変遷の情況について思索を深め、十二の系列を考えられました。十二縁起は、無明・行・識・名色・六入・触・受・愛・取・有・生・老死の十二種類です。「無明」があるから「行」があり、「行」があるから……。最後に「老死」があると説いています。同時に「無明」が尽きれば「行」が尽きる。「行」が尽きると……。最後に「老死」が尽きると説いているのです。十二縁起は、お釈迦さまのお悟りの核心部分であり、同時に私達の悟りそのものです。仏教徒にとって、大変重要な内容です。十二縁起の中身を示しますと、以下の十二項目です。

①無明《むみょう》　物事の道理をはっきり理解できない精神状態。苦悩や不安の根本原因。
②行《ぎょう》　行為、行動で「無明」により引き起こる。
③識《しき》　眼識から意識の六識。誤った判断は無知な行為によって引き起きる。
④名色《みょうしき》　心と身体のこと。六境（色・声・香・味・触・法）を示します。
⑤六入《ろくにゅう》　知覚の入口です。六根（眼・耳・鼻・舌・身・意）を示します。
⑥触《しょく》　接触すること。名色が六入に接触すると「識」が生じます。
⑦受《じゅ》　感受作用。「触」によって生じた「識」が、好き嫌いの感覚を生じます。
⑧愛《あい》　愛着、愛欲。苦しみを避け、楽しいものを求める欲望。
⑨取《しゅ》　執着。欲望にこだわること。
⑩有《う》　私達の存在。欲望と執着に満ちた自己。
⑪生《しょう》　私達がこの世に生まれること。
⑫老死《ろうし》　この命が、老いて、病気になり、やがて死ぬこと。

閑話

生命の不思議

母の胎内に新しい生命が宿されるときは、〇・六ミリグラムの受精卵です。それが、世間でいわれる十月十日の間に、三千二百五十グラムの重さになります。体重は、五百四十万倍に、身長は二千三百十二万倍に成長します。赤ん坊が成人の日を迎えるまでには二十年かかります。この間に、体重は二十倍に増えることを思えば、母の胎内での成長率がいかに高いかわかります。さらに、胎内の約十か月の生活は、原始的動物から人類までの進化した歩みを人類の縮刷版のようにくり返します。だから、胎内の一日は、生物史の何万年間にもあたります。

十二縁起は、過去、現在、未来の時間の流れを説いているのです。その流れは、奇跡や運命論ではなく、原因と結果の「因果関係」でしっかりと結ばれています。私達の記憶では、⑪の「生」と⑫の「老死」からです。人生振り返ると、はっきり記憶しているのはいつからでしょう。⑪の「生」の部分もぼやけている記憶です。仏教では⑪以前の命の営みも考えるのです。③から⑩は、母体の中で育つ胎児の状態です。この間に、体重が五百倍、身長が二千倍に成長する時間の流れを体験しているのです。

お釈迦さまは、私達の苦しみの根源について考察を始めます。「老死」の苦悩は、「生」に原因があり、「生」は「有」に原因があり……。考察を進めていくと、精子と卵子の出会い以前まで、考えが及びました。その始まりを「無明」と呼びました。この世に生まれたいと願っている私であり、それが一匹の精子の状態です。そして、突如として真っ暗な空間に放り出されました。卵子に向かって動き出すのですが、一匹で放り出されたのではなく、仲間がいます。仲間はライバルでもあるのですが、仲間の数は、一億。日本の総人口と同じ数の精子が、卵子と巡り合う旅に放り出されたのです。これが「無明」の状態です。ちなみに男子が一生に作る精子の数は、一兆から二兆だそうです（世界人口は約七十五億人）。真っ黒な空間に放り出され、そこに留まっていては、卵子との出会いはありません。精子の鞭毛を動かして移動しなければなりません。その動きが②の「行」です。卵子との出会いの確立は、絶望的な確立です。仲間（ライバル）を振りほどき一番乗りをしても、卵子が存在しなければ、どうしようもありません。精子と卵子の出会いだけで、どれほどの時間と労力が必要でしょう。考えただけで気の遠くなる思いがします。「この世に生まれたい」との思い、これはまさに信仰の力のお蔭だと思います。私達の命は、無明を因とし、父母を縁として生まれてきたのです。

精子と卵子の出会いが、③の状態。そこからこの世の誕生に向かって、歩んでゆくのです（本当は、死に向かって歩んでいるのです）。この世の誕生を、⑥の「触」と説く場合もありますが、文字を素直に解釈して⑪の「生」をこの世の誕生とすると、③から⑩は、母体の中の生活です。母体の中で、人類の進化を体験します（胎児にはエラが存在する時期があるようです）。妊娠している母親が「赤ちゃんが動いた」「赤ちゃんが返事をした」と聞きます（男性には経験できない部分）。だから胎児と親は、別人格なのです。

この「十二縁起」をどのようなイメージで捉えているのか。ちょうど階段を昇るイメージであろうか。そうすると、十二段目の「老死」が最高地点です。次の一段が存在しませんので、奈落の底である「無明」に戻ってしまいます。そして無限の空間において絶望的出会いに向かって鞭毛を動かすのです。この繰り返しを「輪廻」と言っています。この繰り返しから、抜け出すことを「悟り」、「成仏」といいます。禅僧は、この「十二縁起」を丸い円（円相）を描いて表現しました。鞭毛を必死に動かしている固体も、悩み苦しんでいる人間も、同じ命の重さを持っていると言っているのです。「十二縁起」を縦に並べるから、優劣が生じ、奈落の状態が出現するのです。円相の世界では、すべてが同等ですので、「十二縁起」からの脱却も必要ありません。円相すべてが、そのまま「悟り」の世界であり、仏の世界なのです。

ある解説書に、親子は父母を選ぶ自由のない子、子を選ぶ自由のない親との不思議な出会いであると、書かれていました。私は違うと思います。必死に鞭毛を動かす固体は、人間に生まれたい、この親の子供に生まれたいと願い続け、そのように行動したら、人間に生まれることができたのです。この親の子供として生まれることができたのです。私達は必死に願いつづけ、その結果この親の元に生まれることができたのです。偶然や何かの間違いで親子になったのではありません。必死に願い続けることが、仏教信者の正しい生活態度です。

「十二因縁」を極小に考えますと、微細な細胞やＤＮＡの世界が出現します。極大に考えますと、銀河系の大宇宙世界、星の誕生の話に広がります。これらの思考は、今から二千五、六百年前、お釈迦さまの深い思考の中で生まれました。その思考回路に、大きな驚きと共に大きな感動を覚えます。

第四章

無《む》常《じょう》迅《じん》速《そく》

こだわりを
捨てれば
身軽に歩める

楽しいひと時は、時間の経過を忘れて過ごす。反対に大切な人との待ち合わせは、時間の経過がやけに遅い。時間の経過はこちらの都合で長くもなるし逆に短くもなる。迅速の文字に惑わされてはいけない。迅速は、一日二十四時間であることを説いている。依怙贔屓なく、すべての人に与えられている時間である。料理にたとえると、食材（時間）は同じであるのに、調理の仕方で和食にも洋食にも中華にもなる。

菩提薩埵《ぼだいさった》

菩薩さまも
昔は悩める人間であった

【読み下し】 菩提薩埵は

【訳】
菩薩さまは
悟りを求める人は

【語句解釈】
「菩薩」は悟り、「薩埵」は求道者。合わせると、悟りを求めて修行する人を意味します。観自在菩薩（観音さま）も菩薩の一人です。

説きほぐし（解説）

『般若心経』は「観自在菩薩」つまり「観音さま」が、お釈迦さまに代わって仏教の真理を説かれた経典です。では、「菩薩」とはいかなる存在でしょうか。

菩薩は、「求道者」「道を求めている人」です。少し条件を付けるのであれば「歩み続ける」という進行形が付きます。観自在菩薩（観音さま）や地蔵願王菩薩（お地蔵さん）は、仏として完成された姿で、この道を歩み続けておられます。私達のように、この道を歩みはじめた初心者もいます。自動車のドライバーでいえば、私達は仮免許の状態でしょうか。いや、まだ、教習所でやっと運転席に座れた状態でしょうか。「菩薩」という概念は、北伝仏教の特色です。北伝仏教ではベテランも初心者も同等に扱ってくれます。この道を歩み続ける人は、みんな同じ仲間であると示しています。わたしもあなたも、みんなが菩薩ですと言っているのです。では、なぜ「菩薩」という存在が考えられたのでしょうか。

インドの宗教は、ヒンズー教です。ヒンズーの教えに「輪廻転生《りんねてんしょう》」があります。私達の「いのち」は、生と死を繰り返している。ちょうど車の車輪のように回転を続けている。インドの人々は、「輪廻転生」「輪廻流転」といい、そう信じています。その考えは、お釈迦さまにも影響を与えました。お釈迦さまにも「いのち」の流転が存在したはずであると考えました。そしてお釈迦さまの前世の物語ができ上がりました。「ジャータカ」という経典です。お釈迦さまが前世において、色々な人間になり、いや人間だけでなく色々な動物に生まれ、その都度その世界で、修行（貴重な経験）を積み重ねた様子を綴った物語集です。

閑話

月のウサギ

ウサギ、サル、カワウソ、ヤマイヌという動物四匹が仲良く暮らしていました。四匹の動物は「布施」の修行をしようと誓いました。彼らの誓いをテストするために、帝釈天という神さまが旅人になって現れます。ウサギ以外の動物は、テストに合格するのですが、ウサギは旅人に施すモノがありません。ウサギは旅人にたき火を作ってもらい、その中に飛び込んで、わが身を旅人に施そうとしました。その時、旅人は帝釈天の姿にもどり、ウサギを火の中から救いました。ウサギの行為を誉め、月にその姿を刻みました。

閑話は「ジャータカ」の一話ですが、このウサギが前世のお釈迦さまの姿です。このように、「仏陀」に成る以前のお釈迦さまを何と呼べばよいのでしょう。悟りを開いて初めて「仏陀」になるのですから……。その結論は、悟りを開く以前のお釈迦さまを「菩薩」と呼ぶことにしたのです。「ジャータカ」物語は、お釈迦さまも突然、「仏陀」になれたのではなく、様々な修行（貴重な体験）を積み重ねて、その結果「仏陀」になられたその歩みを説いているのです。私達にとって、お釈迦さまは遥か彼方の存在と思っていましたが、ぐっと身近な存在であると感じませんか。お釈迦さまも前世では、私達と同様、在家（出家者以外の人）の人間であった時もあります。それどころか、ウサギやサルの姿の時もありました。どんな姿であっても、修行（貴重な体験・歩み）を続けられたのです。

北伝仏教は、菩薩の概念を大きく変えました。南伝仏教の出家者のように、とても一切を捨てきって「出家」できないと、卑下する必要はありません。在家の姿そのままで、堂々と「この道」を歩めばよいのです。「この道」を歩む姿を、仏道修行といいますが、自分のペースでボチボチ歩み続けることが大切なようです。一流のマラソン選手のようなスピードは必要ありません。不完全な人間同士が、お互いに迷いながら歩んでいる。しかし、迷い、苦しんでいる我が身は「菩薩」そのものです。菩薩が迷い、菩薩が苦しむ、それが私の人生であり、私の人生そのものです。私達の歩みは、歌謡曲の『三百六十五歩のマーチ』のごとく「三歩進んで　二歩下がる」状態でしょう。そんなスピードではいつまでたっても、目的地に着けないと、文句が聞こえてきそうです。「この道を歩み続ける」という言葉に対して、「私達は、努力して一歩でも前進する必要がある」と、自分で自分を追い詰めますので、考えや行動が窮屈になるのです。「菩薩」の発想は、後退した部分を切り捨てて、前進した一歩を大切に取り扱うのです。「三歩進んで　二歩下がる」の状態であれば、後退した部分は切り捨てる。そうすると前進の部分だけが残ります。まさに発想の転換で菩薩の道を歩み続けるのです。北伝仏教は「菩薩の仏教」であり、北伝仏教の真髄です。

閑話

仏像の見方

私達は礼拝の対象となる彫像をすべて仏像と呼んでいます。仏像にはいろいろな種類が存在します。

一、如来像

「仏」も「如来」も同義語です。如来像は「仏の像（仏像）」でもあります。悟りを完成させた存在が仏であり如来です。釈迦牟尼仏（釈迦牟尼如来）が代表的な仏ですが、阿弥陀仏（阿弥陀如来）、薬師仏（薬師如来）、盧舎那仏（奈良・東大寺の大仏さん）、大日如来は密教の仏です。

この如来仏は基本的には出家者の姿で彫像されています。したがって装身具を身に付けていません。大日如来は例外で、国王の姿で彫像されています。

二、菩薩像

菩薩は求道者です。仏（如来）は悟りを完成させた存在ですが、菩薩は悟りを求めて歩み続けている存在です。仏（如来）を「仏の学校」の卒業生とすれば、菩薩の存在は在校生です。この学校の入学条件は「悟りを求めて歩み続ける」ことです。だから私達も入学条件を満たしますので「菩薩」であるわけです。ただし、クラスが違います。観世音菩薩、勢至菩薩、文殊菩薩、普賢菩薩、地蔵菩薩は最高のクラスの在校生です。これらの菩薩は仏（如来）と同じ実力ですから、像を造って礼拝する価値があります。私達も菩薩の一員です。幼稚園の段階か、入園前の準備段階でしょうか。

菩薩像は在家の姿で彫像されます。したがって装身具を身に付けています。例外は地蔵菩薩で、出家者の姿で彫像されています。

三、明王像

密教では、不動明王、愛染明王などの忿怒の形相をした「明王」を拝みます。菩薩は優しく慈悲の精神で人々を救うのですが、優しい言葉に耳を傾けない人々がいます。そういうひねくれた人々を救うために明王が存在します。大日如来の命を受けて、人々を畏怖させて救うのが明王の仕事です。

四、諸天像

仏教はインドで発祥した宗教です。当然、インドのヒンズー教の神が仏教に影響を与え、礼拝の対象に取り入れられました。梵天、帝釈天、弁財天、吉祥天、毘沙門天、鬼子母神、韋駄天など様々な天（神）の像があります。

依《え》般《はん》若《にゃ》波《は》羅《ら》蜜《みっ》多《た》故《こ》

【読み下し】 般若波羅蜜多に依るが故に

背筋を伸ばすと
新しい息が入って来る

【訳】
般若波羅蜜多をよりどころにする悟りの世界に行くことができる智慧を持っている

【語句解釈】
修行を暗闇の航海に例えると、どの方向に進むべきかわかりません。仏の存在は、灯台の灯りのごとく進むべき進路を示しています。その灯台の灯りが観音さまの誓願です。観音さまの誓願は「救われない人がいる限り、私は此の岸に残り人々を救済する」というものです。

説きほぐし（解説）

菩薩さまの願いは、私達をこの岸（此岸）から向こう岸（彼岸）に導くことです。脱落者が出ないように、できるだけ多くの人々を渡したい（救いたい）。それには、如来のように高い位置（世界）にいては、人々を救うのが遅くなる。人々と同じ世界にいて、人々の苦しみや悩みを観て、すぐに駆けつけることができるようにと、堅い誓いを持ち続けている存在です。菩薩さまの救済は、苦しみや悲しみの声を聞いて行動するのではなく、苦しむ声を観て行動しようとしています。音を聞いて救済に動き出すと「聞音菩薩」となりますが、「観音菩薩」ですので、音を聞くのではなく、観ている存在であることを示しています。観音の二文字は、救済の声を発するあなたの口元を観ていることを示しています。観音さまの救済のスピードは、音速より速い光速です。私達は常に菩薩さまに守られて、共にこの道を歩み続けているのです。

「菩薩さまに守られているというけれど、少しも実感がない」これが私達のつぶやきです。観音さまと共にこの道を歩むにあたり、一つ条件がありました。それは、般若の智慧を忘れないことです。具体的には、六波羅蜜の行動です。六波羅蜜を、正しく理解し、それを実践し続けることです。感謝の言葉も知っているだけでは、絵に描いた餅の状態です。空腹は癒されません。書物から得た「知識」の状態です。その知識が本当であろうか、実際にためしてみる必要があります。具体的な行動は、感謝の言葉を使うことです。「ありがとう」「おかげさま」と声に出すから、周りの人々にあなたの気持ちが伝わるのです。さあ、勇気を出して感謝の言葉を使い始めましょう。

「少しも実感がない」とつぶやく私達は、感謝の言葉を使い続ける永続性が足りないようです。勇気を出して感謝の言葉を使いました。しかし、相手の反応が鈍くて、つまらないから感謝の言葉を使うのをやめたとなるようです。六波羅蜜とは、正しく理解し（知識）、それを実践し（知恵）、続けること（智慧）でした。『般若心経』は、般若の智慧を説いているのですから、相手の反応が問題ではなく、六波羅蜜を続ける永続性の大切さを示しています。絵に描いた餅（知識・理解）から、実際に餅をついて食べる（知恵・実践）、飽きずに続ける（智慧・永続）ことが、肝心です。「般若波羅蜜多をよりどころにする」生活、それは感謝あふれる生活です。

ここでもう一度、智慧について考えてみましょう。六波羅蜜の項目の中に、精進がありました。

精進イコール努力と解釈していませんか。仏教が使う「精進」と一般的に使われている「努力」は異質なものです。私達は、その道の成功者の話としてよく聞く言葉は、「私は、人々の何倍も何倍も努力したから成功したから今日があるのだ。失敗した人は、その努力が足りないからだ」と。成功者は、努力したから成功したとうぬぼれます。また、失敗した人に対して冷酷な態度で接してしまうのが欠点です。成功するための大きな要素は、努力もあったことは確かなことです。しかし、仏教においては、努力だけでは、物事は成就しないと考えます。そのことを「因縁」と解説しました。

「因」は、直接的原因

「縁」は、間接的原因

です。

たとえば、植物の発芽に置き換えると、芽が出る因（直接的原因）は、種です。しかし、種だけでは発芽しません。発芽の条件は、土が必要です。水も温度も必要です。それらの条件が「縁」（間接的条件）です。成功者は多くの「縁」に恵まれていたのです。しかし、自分の力で切り開いたと勘違いをしていますので、感謝の言葉で接しなければならないのです。自分を支えてくれた多くの「縁」に、感謝の言葉を使うのを忘れています。精進と努力の違いは、感謝の言葉が存在するか、しないかの違いです。感謝の言葉を常に用いると、毎日が楽しく、ストレスの少ない生活が約束されます。知識と知恵と智慧の違いに、気づく必要があるようです。智慧の世界においては、利己的な欲望を満たすための努力は排除します。当然、南伝仏教の主張する、出家者だけが（成功者だけが）彼岸に渡れるという考えを、北伝仏教では否定します。

閑話

結果と過程

結果第一主義の人間は、不正をしてでも一番を求めます。まさにスポーツ界の薬物問題です。オリンピックのドーピング検査を思い浮かべます。何しろ四年に一度のチャンスです。不正をしてでも金メダルを手に入れたいと、誘惑に負けて薬物に手を出してしまいますと、大変なことが待ち構えています。次の試合でも金メダルを獲得することを、世間は期待します。しかし、この金メダルは、薬物の力を借りたメダルです。次回もまた薬物の力を必要とします。一度ウソをつくと、そのウソをごまかすために、またウソを重ねなければならないのと似ています。心の休まる時がありません。無理をしてメダルを手に入れてしまった人の人生は、穏やかさが失われ、次回もメダル、メダルと追いかけられ苦悩と焦りの日々が待ち構えているようです。

結果に到るプロセス（過程）を大切にする人は、心は穏やかです。毎日の練習が楽しい練習です。それは、少しずつですが目的に近づいているからです。金メダルだけに価値があると考えている人。結果にばかりにこだわる人は、不正をしてでも…と、心は激しく乱れます。練習をしていても、楽しい練習ではありません。私達は、結果よりも結果に到るプロセス（過程）に価値があると、発想を転換する必要があるようです。結果第一主義からプロセス第一主義に大きく方向を転換する必要があります。そのように考えた方が、毎日を楽しく過ごせそうです。

心無罣礙《しんむけいげ》

人生失敗の連続だったら失敗を楽しもう

【読み下し】 心に罣礙なし

【訳】
心にさまたげやこだわりがない
心に執着、束縛がない

【語句解釈】
「罣」は、網を意味し、「礙」は、石が邪魔をして足を止めることを意味します。「心無罣礙」は、心が網にひっかかったとしても、もつれることはありません。石につまずいたとしても、転ぶことがないという意味です。心にわだかまりがない状態で、菩薩さまの心情です。

説きほぐし（解説）

私達は善いことをしたら「自分は善いことをしたのだ」と、その行為にこだわりを持ちます。「罣礙」の状態です。そして、他人にほめてもらいたい、認めてもらいたいと思います。他人がほめてくれなければ、薄情な人だ、人の気持ちを理解しない人だと、他人を非難します。せっかく善いことをしたのに、かえって腹を立てる原因になってしまいます。そんなことなら、善いことをしない方がましだったかもしれません。まさに本末転倒の心理状態です。この原因は、自分は善いことをしたのだという心のわだかまり、心のこだわりでした。あるいは、善いことをした見返りの期待感です。私達は「結果第一主義から結果に到るプロセスに価値を見出そう」と、大きく舵を切ったのですから、もっとゆったりと物事に対応したいものです。その境地を、道元禅師は「大心《だいしん》」と説いておられます。大らかな心で、物事に対応したいものです。

閑話

道元禅師の三心《さんしん》

食事を作る心構えが示されている『典座教訓《てんぞきょうくん》』という書物に出てくるお示しです。

「喜心《きしん》」とは、喜びの心・感謝の心です。人間に生まれた喜び。食事の時、目の前にある生命(食材・恵み)に対しての喜び。料理ができる喜び。

「老心《ろうしん》」とは、慈しみの心です。孫や子供を無償に愛する心。菩薩さまが人々を見つめるまなざし。

「大心《だいしん》」とは、おおらかな心です。偏見や固定観念のない寛大な心。相手のことを思う親切な心。

「三心」に共通する心は、感謝の心です。今風な言葉では、「おもてなし」の心でしょう。「ありがたい」「おかげさま」「もったいない」の言葉を日常生活で使える喜びが説かれています。

閑話

地蔵盆

地蔵盆で子供たちにミニ法話をしました。今日はお地蔵さまに子供たちが病気にならないように、お願いのお参りをしました。お願いのお参りをしたのだから、家に帰って、夜寝る前にたくさんジュースやアイスクリームを飲んだり、食べたりしました。次の日、お腹が痛くなっているだろうか。子供達に問いかけました。子供たちはお腹が痛くなると答えました。子供達の方が、因果の法則を正しく理解しているようです。大人になったら、この法則を忘れてしまうのでしょうか。

病院の食事

病院の食事を美味しく頂いていますか。病院の食事を残さず食べていますか。これらの問いかけに対して、大抵の入院患者は病院の食事は美味しくない、全部食べられないと答えます。確かにその通りです。家庭の味付けに慣れた舌の感覚は、病院の味付けを美味しくは感じません。でも病院の食事ですので、栄養面等で申し分ない食事が準備されているはずです。病院サイドでは、患者のあなたのためにベストの食事が準備されているのです。それを美味しく頂くのか、まずいと言って食事を残すのか、患者であるあなたの問題であるようです。抗ガン剤治療が始まりますと、薬の副作用で食事ができなくなる場合もあります。むかつき等で食欲がなくなると、栄養剤が入った点滴が増えます。口から食事としてエネルギーを補給しないと、人間は元気が出ません。点滴でもエネルギーを補給できますよといいますが、元気が出るエネルギーを補給しなければなりません。食事も大事な薬であると思って、頂く姿勢が大切なようです。

私の場合は、抗ガン剤治療が始まっても、食欲は落ちませんでした。病院から出される食事は、毎食完食でした。しかし、骨髄移植の準備のために、強い抗ガン剤が入った時は、食欲がゼロになりました。その結果、栄養剤の点滴が一つ増えました。点滴袋を減らすためには、頑張って食事を始めなければなりません。食事はあなたの元気を取り戻す「大切な薬」です。

無罣礙故《むけいげこ》

程よい加減
この加減がまた難しい

【読み下し】罣礙無きが故に

【訳】
心にこだわりがない
こだわりがないと、利害対立も存在しない

【語句解釈】
罣礙がないとは、「執着がない」「とらわれがない」「わだかまりがない」という心の解放状態です。損得や利害の二元対立も存在しません。

説きほぐし（解説）

私達は、「かくあらねばならない」という価値観を持っています。それは今まで自己の人生において、培ってきた大切な価値観です。「かくあらねばならない」と、執着・とらわれ・わだかまりを持っていたから、人生頑張れたのです。『般若心経』では、そんなものは存在しないと否定するのですから、混乱してしまいます。大切な価値観を否定されると、自己の人生すべてを否定されたような絶望の淵に追い込まれます。執着・とらわれ・わだかまりは、結局は自分で物事の考えを狭くしているようです。自分の判断が一番正しいと思っていますので、他人の意見に耳を傾けません。少し冷静になって、自分の足元を見つめ直しましょう。

「一度の人生」といわれたときに、一度きりだから大事に扱うのか、あとは野となれ山となれと、享楽的に扱うのか両極端の考えがあります。お釈迦さまの教えに答えを求めるのであれば、お釈迦さまは私達に「中道の教え」を説いておられます。中道とは、両極端の考えを排除する教えです。徹夜で仕事や勉強をしたかと思うと、次の日はサボって何もしない。そんな極端な生活態度を戒めているのです。両極端にとらわれない、ゆったりとした毎日を過ごしましょうと、呼びかけているのです。お釈迦さまは「弾琴《だんきん》の譬え」で説いておられます。弾琴の譬えとは、弦楽器の弦の張り方の問題です。弦を極端に強く張っても、好い音色はでません。それどころか弦が切れてしまいます。逆に弦が緩くても好い音色が出ません。程よい張り具合の時に、好い音色が出ます。修行も同じです。激しい無理な修行はダメで、逆に疲れたと言ってすぐに怠る修行もよくないと、諭されています。まさに両極端の考えを排除した「中道」の教えです。

閑話

塩を食べる男

昔、塩というものを全く知らない男がいました。ある時、知り合いの家に行って食事を出されました。その食事の味があまりにうすいので「何の味もしませんね」と言うと、家の主人は食べ物に少し塩をふりかけてあげました。驚いたことに、食べ物は大変おいしくなりました。男は感激して、その塩を分けてもらいました。

「塩というものは、ほんの少し入れるだけで、あんなにおいしくなったのだから、それだけを食べるともっとうまいはずだ」と思い、塩を一掴みして口に入れてみました。すると、あまりの塩辛さに全部吐き出してしまいました。
「どうして少しの方がおいしくて、多いとかえってまずいのだろう」。男はいくら考えても答えが出てきませんでした。

無《む》有《う》恐《く》怖《ふ》

自分の都合で「コト」は運ばない
さてどうしようか

【読み下し】恐怖有ること無し

【訳】
（こだわりがないので）おそれるということもない
恐れや不安も解消する

【語句解釈】
「恐怖」は、一般的には「きょうふ」と読みます。般若心経では「くーふー」と読ませています。どちらの読みをしても、意味は同じです。

説きほぐし（解説）

私達は災難に出会ったら、それから逃れようとジタバタします。しかし、どうせ逃れることができない定めであれば、ジタバタするだけ精神衛生には悪いのではと思います。逃れよう逃れようとする心が、逆にますます恐怖を増幅するようです。「有恐怖」の状態です。

恐怖をなくすには、災難に遭う時は、しっかりと災難に遭えばよい。死ぬ時には、しっかり死ねばよいと、『般若心経』は説いています。仏教の不思議な力で、災難を吹き飛ばしてくれるとイメージしていた私達に、頭から冷水を浴びせる言葉です。災難や死を何とか解決してもらいたいと願い、その解決を求めているのに、そんな答えでは何ら問題解決にならないと、つい文句を言いたい気分です。

そうかっかとしないで、冷静にお釈迦さまの教えに耳を傾けましょう。仏教は、奇跡を説きません。運が良いまたは運が悪いという「運命論」でもありません。人生が運命に支配されているのであれば、頑張る必要はありません。ただ漫然と過ごせばよいのです。しかし、私達は頑張れば報われることを知っています。学校の定期試験など、一生懸命に勉強すれば成績はアップします。手を抜いて試験に臨めば、成績は振るいません。成績＝運命とは理解していません。仏教は、蒔けば生える、蒔かねば生えないと主張する「因果論」です。最初に種（因）があり、その種を育てる条件（縁）が存在し、因と縁が融合して収穫（果）につながると考えています。試験に対して「一生懸命頑張った」という「縁」が存在したので、「成績アップ」という「結果」が生じたのです。「手を抜いた」という「縁」には「成績は振るわない」という「結果」が生じました。まさに因・縁・果の法則が貫かれています。その法則には、私達の都合など差し挟む余地はありません。

どうやら、「空」や「無」の文字のイメージで、自分の都合を少し差し挟みたいと、私達は考えているようです。「空」や「無」の文字は、人生という私達の器に仏の法則が過不足なく一杯詰まった状態を示しているのです。

閑話

小鳥が死ぬ時

一羽の小鳥が柿の木に止まっていると、梢から柿が落ちてきて鳥の頭を強く打ったので、鳥は死んでしまいました。樹の神さまはこれを見て偈文を唱えました。

鳥の来るや死を求めず　果の堕つるや鳥のためならず

果熟して堕ちて鳥死す　因縁の会、またしからしむるなり

〈鳥は別に、死のうと思って柿の木に来たのではないし、柿の実も、鳥を殺そうと思って落ちたのではない。柿は熟したので落ちたのであり、たまたま鳥は死ぬ時節に遭ったのだ。すべて因縁和合の結果である。〉

良寛さんの手紙

ガンを宣告された時、自分の死が頭を横切ったと思います。今まで自分の死など、考えたこともありませんでした。ガン患者にとって自分の死は、もっとも直近な問題です。江戸時代の禅僧、良寛さんはこのような手紙を残しています。

災難に逢時節には、災難に逢うがよく候。死ぬ時節には、死ぬがよく候。是ハこれ災難をのがるる妙法にて候

良寛さんのアドバイスは、投げやりになるなと、いっているのです。「災難を逃れる妙法」は、「而今《にこん》」を精一杯、今を生きることだと、説いているのです。ガンを宣告されたこの身。ジタバタしてもガンが治るわけでもない。ここは腹を据えて、主治医に一切をお任せすることが、「妙法」かもしれません。人生これが正解という模範解答は存在しません。良寛さんのアドバイスも問題解決の一手。おのれの不幸を嘆き悲しむのも一手。どちらが心穏やかか、自分自身が自分自身のために選択するのです。

遠離《おんり》一切《いっさい》顛倒《てんどう》夢想《むそう》

【読み下し】一切の顛倒夢想を遠離して

夢の中では　スーパーマン
でも夢の中では暮らせない

【訳】
顛倒した心を遠く離れて
顛倒し、夢想を遠離して

【語句解釈】

顛倒とは、「物事をさかさまに捉えること。真理と違うこと」です。遠離は、遠く離れることです。顛倒することもなく、煩悩（夢想）になやまされることもないという意味です。

説きほぐし（解説）

私達の足元を点検すると、苦しみや苦悩があふれています。この節で説かれている「顛倒・夢想」が満ちているのです。「顛倒」の語源を探ると仏教行事の「お盆」が出てきます。「お盆」は梵語（古代インド語）でウラバンナ。それが中国に伝わった時「盂蘭盆（うらぼん）」と音写しました。略して「盆」「お盆」になりました。梵語の「ウラバンナ」の意味は、「倒懸《とうけん》」で、頭を下に、足を上にして吊された状態の苦しみをいいます。肉体的にも精神的にも激しい苦しみを伴います。つまり「顛倒の苦しみ」です。お釈迦さまは「人生は苦である」と説かれました。しかし、私達は人生は、楽しい時もあると考えています。「諸行無常」と説かれているのに、自分だけはいつまでも生き続けていたいと願っています。まさに「夢想」の世界の発想です。いや、心の中ではわかっているのです。物事には永遠ということは存在しないことを。だから「夢想」の世界に執着し、そこを動こうとしないのが私達なのです。その「夢想」の世界から脱出する智慧が、『般若心経』に説かれているのです。

「夢想の世界」から「顛倒の苦しみ」を眺めた面白い話があります。幕末頃の幕臣・山岡鉄舟の逸話です。

鉄舟の剣術の弟子の一人が仲間に、自分は毎朝、神社の鳥居で立小便をしているが、いっこうにバチが当たらない。神仏のバチなどないに決まっていると、話していました。それを聞いた鉄舟は「馬鹿者」と弟子を叱ります。「立小便などということは、犬猫のすることだ。立派な武士が犬猫の真似をしている。それがバチだ。おまえはもうすでにバチを受けている。どうしてそれに気が付かないのだ」と。

人間と犬猫の決定的違いは、神仏に手を合わすことができるかどうかです。私達人間（凡夫）が菩薩さまの真似をして、美しい合掌の姿で過ごす。逆に、犬猫の真似をして過ごす。二度と巡ってこないこの一日を菩薩か犬猫か、どちらの真似をして過ごそうとしているのかと、問われているのです。そういえば、「学」の語源は「まねる」です。ひとつの形をまね続けることにより姿が決まり、ベテラン・達人になるようです。

鳥居に立小便をする「顛倒の苦しみ」に出会っているのに、気が付かない弟子に、鉄舟は「早く夢から覚めよ」と、自覚を迫っているのです。私達は神仏のバチや反対のご利益が気にかかります。『般若心経』では「無……」「無……」と説いています。罰や功徳の効能を気にするより、早く夢から覚めて菩薩さまの「まね」を始めよと、呼びかけているのです。

ガンに負けない

断腸の思い

親が子供の最期を看取らなければならない苦しみが「顛倒」の苦しみです。命を授かりその命が順序良く消滅していく、それが理想だと思いますが、理想どおりに物事が運ばないのが、人生です。時として「逆境の風」が吹き荒れます。私達はただひたすら耐え抜かなければなりません。先立つ人も残る人も同様にただひたすら「逆境の嵐」が収まるのを待ち続けなければなりません。

お寺の過去帳を見ますと（過去帳というのは、お檀家の戒名が葬儀順に記載されています。だから時間を遡ることができます）平成、昭和、大正、明治、慶応（江戸時代の最後の年号）、元治、文久…。私の寺では宝暦（一七五一年）からの過去帳が残っています。それを眺めますと、江戸時代は子供や赤ん坊の戒名が多くみられます。病気になっても十分な薬が無く、自身の免疫力で克服するしか手段がなかったようです。医学の発展と共に子供の戒名は減少していきます。戦後になりますと、さらに減少して、平成ではほとんど見受けられなくなります。「ほとんど」ですので、完全に無くなったわけではありません。「ほとんどない」時代に、子供との別離は辛いものがあります。江戸時代のように多くの家で子供との別離があれば、悲しみも少しは和らぎ

ますが、「ほとんどない」ときの別離は、別離を受け入れるのに時間がかかるようです。

人生晩年になって子供に先立たれる、これも親として辛いものです。この別離は、お寺の過去帳を眺めてもすぐには探し出すことができません。でもよく考えてみると、子供や赤ん坊の時だけ「断腸の思い」の別離が存在するのではなく、子供の年齢に関係なく、親は常に子供の安寧を願い続ける存在であるということです。その願いが破られた時「断腸の思い」の悲しみ、苦しみが襲ってくるのです。別離の悲しみの対応は、冬の次には春が来ることを信じて、冬の寒さに耐え続けることです。先立つ人も、残る人も同様に、耐え続けるのです。

究境涅槃《くきょうねはん》

息を整えて　冷静に　冷静に

【読み下し】涅槃を究境する

【訳】
涅槃の境地に至る
心に永遠の平安を得るのである

【語句解釈】
「究境」は究極の境地、「涅槃」は煩悩の火が消えた状態です。静寂の境地です。

説きほぐし（解説）

私達の最終目的地は、向こう岸に渡ること（到彼岸）です。向こう岸が「涅槃の地」です。一切の煩悩が消滅した静寂の地です。反対のこの地（此岸）は、何時も煩悩の炎がメラメラと燃え盛っている世界です。仏教では、煩悩の数を「百八煩悩」「八万四千煩悩」と教えています。要するにたくさんの煩悩が存在するということです。とりわけ大きな煩悩が「貪《とん》・瞋《じん》・癡《ち》」の三大煩悩です。「貪瞋癡の三毒」とも言います。

貪欲《とんよく》　欲張ること
瞋恚《しんに》　腹を立てること
愚痴《ぐち》　愚痴を言うこと

よく考えると、生きている限りこれらの煩悩（三毒）から逃れることは、できないようです。そのように考えるのが、北伝仏教の立場でした。血のにじむ思いの修行に修行を重ねれば、きっといつかは「努力は報われる」と、果てしない修行を続ける道を選択したのが南伝仏教でした。エリート集団の修行です。お釈迦さまの「弾琴の譬え」を思い浮かべてください。弦楽器の弦を極限まで張りますと、弦は切れてしまいます。逆に弦の張りようが緩いと、音が鳴りません。お釈迦さまは、両極端を否定されたのです。お互いに励ましあいながら、中道を仲間と一緒に歩めばよいのです。一緒に歩むとき、当然、子供や老人の歩むスピードは遅くなります。仲間ですから見捨てることなく、ゆっくりであっても相手のスピードに合わせて、一緒に歩み続けましょう。この集団の人々は、他者へのいたわりや優しさに溢れています。この集団とは、私達が今まさに信じて歩んでいる教えです。

煩悩の炎を消すには、炎の元を遮断すればよいのです。そんなことは十分知っているのですが、同時に遮断できないことも知っています。どうするのか。私達の先輩は、煩悩を如何にコントロールするかに「知恵」を出しました。煩悩と、どのように付き合うか、付き合い方に「智慧」を出したのです。煩悩に対して、いたわりややさしさで対応したのです。他者の心の痛みを感じることができる、そんな心持ちを求め、身に付けようとしたのです。「涅槃を究境する」とは、はるか彼方に存在するのではなく、今の瞬間に存在する境地です。ただし、他人の心の痛みを自分の心の痛みと感じることができるのかが、理解の分かれ目です。現代では「思いやり」という言葉で表現されています。

三世諸仏《さんぜしょぶつ》

眼を転ずれば　心配してくれる
仲間はいっぱい存在する

【読み下し】三世の諸仏は

【訳】
三世にいます多くの仏たちは
過去・現在・未来のあらゆる仏さまは

【語句解釈】
三世は、過去・現在・未来を示します。諸仏は、多くの仏さまたちです。多神教民族が理解できる言葉でもあります。

説きほぐし（解説）

お釈迦さまは八十歳で、インドのクシナガラの地で入滅（亡くなること）されました。二月一五日です。「涅槃会」「お涅槃」として大切に伝えられています。お釈迦さまの最期の様子が描かれた大きな涅槃図を本堂に掲げて、お参りをします。お釈迦さまとの入滅は本当に悲しい出来事でした。お釈迦さまを慕う弟子たちの悲しみは、本当につらいひと時であったと思います。私達も大切な人との別離（断腸の思い）の瞬間を思い浮かべると、お弟子たちと悲しみが共有できます。お釈迦さまは亡くなる直前、お弟子たちにこのような言葉を残されました。

「わたしが入滅したあとは、あなたがたは自分自身を灯明とし、わたしの教えた真理（法）を灯明として、怠らずに精進するように……」。この出来事を仏教では「自灯明《じとうみょう》・法灯明《ほうとうみょう》」と呼んでいます。お釈迦さまの姿がこの世から消えたとしても、お釈迦さまが説かれた真理はこの世に残されていて、その真理は永遠に朽ちることはありません。私達は、その真理（法）を拠りどころとして仏の道を歩めばよいのです。これがお釈迦さまの遺言でした。私達は遺言といわれると、財産分けの事柄が書かれてあるものと思っています。しかし、お釈迦さまの場合は、違っていました。その内容は、言葉と行動でした。財産をモノに託しますと、分けてもらえる人には、限りがあります。言葉と行動で残すと、多くの人が等しく受け取ることができます。事実、お釈迦さまが亡くなって二千五、六百年経過しているのですが、いまだにお釈迦さまの遺言を受け取ることができます。

お釈迦さまの入滅後、人々は「仏」についてこのように考え始めました。「お釈迦さまが説かれた真理は、永遠である。その真理は過去から未来へ、永遠に真理として輝き続けるはずである」と。そうすると、過去にもお釈迦さまが説かれた真理と同じ真理を説かれた「仏」が存在したのではないだろうか。後世の仏教徒は「過去仏」の概念を作り出しました。宇宙の星を見ていて、地球のように生命の存在の可能性を探るのに似ています。

お釈迦さま以前に、六人の過去仏が出現して法（真理）が説かれ、お釈迦さまは七人目の過去仏として出現して私達に真理を説かれた……という信仰が確立しました。それが「過去《かこ》七仏《ひちぶつ》」の信仰です。時代の経過とともに、過去仏の数は増加します。そしてついには、無量無数の仏が出現したと考えるようになりました。未来の仏の存在も、当然考えられます。無量無数の仏が出現して、お釈迦さまと同じように真理を説かれるに違いない……という信仰です。お釈迦さまの次の「未来仏」は決まっています。それは「弥勒仏」で、今は「弥勒菩薩」として修行中と考えられています。

過去仏、未来仏の次には、当然「現在仏」の存在です。宇宙は無限に広がっているのですから、地球以外の生命体の存在は考えられます。その生命体も信仰を持ち、仏教に帰依する生命も無量無数にのぼるはずであると、考えが広がりました。いやはや、スケールが大きくなりました。「十二因縁」では、遺伝子レベルの考察まで思いを深めましたが、今度は一転、大宇宙を相手に考察が拡大します。『般若心経』はミクロからマクロまで、私達をロマンの旅に運んでくれます。

三世とは、過去世、現在世、未来世のことで、その世界におられる多くの仏様を「三世諸仏」と呼んでいます。仏は時間と空間を超越して、無量無数存在すると考えています。

ガンに負けない

あなたの遺言は？

「自灯明　法灯明」の話をしましたが、法が先ではなく、自己が先であることに注目したいと思います。私達はお釈迦さまの教え（真理・法）が存在して、それを敬いそれに帰依することが先で、それを身に付けると明るい未来が開けると考えています。「法灯明　自灯明」のイメージを持っています。なぜ自分が先で教え（法）が後なのでしょうか。

「遺言」のイメージも、残された財産を誰それに分けると書かれていると思っています。財産分与の大切なモノです。しかし、お釈迦さまの遺言の内容は、食器は一番弟子。衣は二番弟子。三番弟子には……。品物で残そうとしますと、品物には限りがありますので分けることができる弟子には限りがあります。お釈迦さまの遺品をもらえた人、もらえなかった人の差ができてしまいます。品物にこだわっていても、その品を落としたり、取られたり、品物自体も劣化して崩れていきます（諸行無常）。すべての弟子が平等に受け取ることができるもの。落としたり、取られたり、劣化しないものはと考え、お釈迦さまは「教え」を選択しました。「教え」であればすべての弟子に平等に分け与えることができます。時間が二千五百年隔てても、その「教え」に触れることができます。まさに遺す言葉です。諸行無常を人一倍感じている私達ガン患者は、「遺言」に対していかなる態度で臨むべきでしょうか。病魔は突然暴れ出します。心が冷静なうちに、遺言を考えるべきでしょう。現代風に財産の分与にこだわった遺言か、分与に触れずに（もっとも私は、分与すべき財産を持っていませんが）感謝の言葉があふれる遺言か、選択はあなたの自由です。

最初の疑問、なぜ「自灯明」が先なのか。自分の遺言を書く時、お釈迦さまの言葉を信じる自己が存在しますので、遺言に感謝の言葉を残すことができるのです。世の中に感謝の言葉が存在しても、それを信じる自己が存在しなければ、真理は輝きません。だから仏の教えを信じるあなたの存在が先に来るのです。光り輝くあなたの足跡があるから、お釈迦さまの教えも光り輝くことができるのです。

依《え》般若波羅蜜多故《はんにゃはらみったこ》

【読み下し】般若波羅蜜多に依るが故に

肥満解消には　ウォーキングを続けること

【訳】
（諸仏は）「空」の智慧の実現（般若波羅蜜多）によって
般若の「空」をさとることにより

【語句解釈】
三世の世界の仏たちも、般若波羅蜜多（智慧の実現）を拠り所としています。智慧の実行・実践が求められています。

説きほぐし（解説）

私達の最終目的地は、向こう岸に渡ること（到彼岸）です。「般若波羅蜜多を拠り所として」彼岸に渡ることであり、「智慧の完成」です。具体的には「自灯明、法灯明」を自覚して、お釈迦さまの示された「中道」を歩み続けることです。そこには、歩み続ける実践行がどうしても不可欠です。

信仰には三本の柱が存在します。一番目は、正しく理解することです。自分勝手に奇跡を求め、ご利益が無いと文句を言わないということです。「正しい」の基準は、お釈迦さまの言葉に求めなければならないようです。自分の正しさは、喧嘩の原因になります。二番目の柱が、理解したことを実践、実行する具体的な動きです。お腹がすいている時、美味しそうな食事の「絵」を貰っても、実際の飢えを満たすことができません。具体的な食糧が必要です。三番目が、実践の永続性です。同じことを同じリズムで続けるという動き、実践道です。父や母、祖父や祖母が毎朝同じリズムで、神仏に手を合わせ続けていたあの後姿です。父や母、祖父や祖母は後姿で、信仰の三本目の柱の実践を私達に教えていたのです。毎日のリズムを拡大すると、一年の年中行事になります。お正月の過ごし方。春の彼岸、夏のお盆、秋の彼岸。その間に収穫を願うお祭り、収穫ができた感謝のお祭り。一年が瞬く間に過ぎていきます。それらの年中行事も、私達は先輩の後姿として、目に焼き付いています。信仰の三本目の柱の大切さは理解しているのですが、長続きしないのが現代の私達のようです。なぜ長続きしないのだろうかと考えるのですが、納得する答えに出会えません。ただ、現代人はあまりにも多くの情報が入ってきます。当然すべて処理しきれません。インプットする情報をセーブすべきでしょう。また、すぐに反応が無いと不安になってしまいます。「即効性反応期待症候群」という症状でしょうか。やはりゆったりと「中道」を歩むべきだと思います。

お釈迦さまも最初から「中道」を歩まれたわけではありません。お釈迦さまの修行は、様々な苦行から始まっています。苦行は自分の肉体を傷めつけることです。健康ヨガがブームだそうですが、過酷なヨガ、超人的ヨガをイメージされるとお釈迦さまの苦行が想像できるのではと思います。その中で一番過酷な苦行は、断食でした。その断食は数か月に及び、お釈迦さまと一緒に修行をしていた五人の仲間は「この男は死んでしまった」と思ったほどの過酷な苦行でした。苦行からは心の平安を手に入れることはできないと知ったお釈迦さまは、苦行を捨てる決意をします。その決意を仲間に話しますと「お前は堕落した」と言われました。五人はお釈迦さまと袂を分かち、それぞれ別の道を歩むのです。修行方法に関して深刻な内部対立が生じたのです。それも五対一でした。私達であれば、仲間を優先して自分の主張をひっこめてしまいますか。それとも「うつ」状態になり、出社拒否や登校拒否の引きこもりになってしまいますか。とにかく気分が滅入ってしまいます。「そうだ、一切を捨てて出家しよう」と仏門に飛び込む人もいますが、出家しても悩みも一緒に出家してしまいます。悩みは、今解決しなければ、いつまでもつきまとうものです。

仲間と決別し、一人になってもお釈迦さまの決意は揺らぐことはありませんでした。河で身を清め、村の娘、スジャータから乳粥の供養を受け体力を回復して、最も心が穏やかになる「坐禅」を始めました。その場所は大きな菩提樹の木のそばでした。お釈迦さまの決意は、悟りが開けるまで坐禅をやめない。これが最後の修行。まさに命がけの修行に入られました。まさに決死の修行でした。遠くから村人のざれ歌が聞こえてきます。「琴糸は、強く張れば糸が切れ、ゆるく張れば聞こえない」と。吹く風はどこまでも爽やかで、お釈迦さまを包み込みます。そうです。お釈迦さまのお悟り（成道）が近づいているのです。おっと、主題から少しそれてしまいました。私は布教師ですので「説教師　見てきたような　ウソを言い」にならないように注意しているのですが、熱が入ると皆さまを横道に誘導してしまうようです。お釈迦さまの一代記に興味のある方は「釈尊伝」をぜひお読みください。もしくは、第一章を読み返してください。

私達の最終目的地は、向こう岸に渡ること（到彼岸）でした。渡る方法論で、お釈迦さまと仲間の間に意見の相違が生じました。今までは、修行は苦しければ苦しいほど、その効果は抜群で、向こう岸に渡る力を得ることができると、考えていました。しかし、お釈迦さまの出家の動機を思い出してみてください。「すべての人々が幸せになれる方法とは」というものでした。自分一人が彼岸に渡っても、出家の動機の解決にはならないのです。そこで苦行と決別をすることにしました。今まで両手いっぱいに「苦行」という荷物をお釈迦さまは持っていたのです。それも普通の人には持てない超人的な荷物の重さでした。しかし、ここで「苦行」の荷物を手から放しました。「放てば　手に満てり」といわれていますが、一切のこだわりを捨てることにより、次の一歩が見えてきたのです。お釈迦さまの両手が自由になったのです。お釈迦さまは荷物を降ろし自由になったので、苦行とは異なる荷物が持てるようになったのです。両手が自由になったその手で、ためしに「中道」の荷物を持たれたのです。これが実に心地良い重さでした。到彼岸は、お釈迦さま一人が渡ることではなく、すべての人々が助け合って、渡ることです。私達にも持つことが可能な「荷物」でなければなりません。この「中道」の荷物は、多くの人々にも推薦可能な荷物でした。

では、荷物の中身である「中道」とは何でしょう。苦行と反対の楽行、その両極端を避けることです。この両極端は共にエゴイズムに根ざしている立場です。苦行は、自分一人が聖者に成ることを目指しています。反対の楽行は、快楽に溺れた生活ですが、この立場も自分一人が楽しければよと、他人のことなど無関心……と、考え行動します。「中道」は、そのようなエゴを避けて、ゆったりとした気持ちを大切にしようというものです。中道の歩みは、吹く風の爽やかさを感じることができる、心の余裕がありました。自分一人が助かりたいとのこだわりの荷物を降ろすと、あいた手で「他人のために」とのやさしい気持ちを育むことができるのです。

到彼岸に執着すると、自分だけとエゴの立場になってしまいます。

『般若心経』では、「智慧」でもって彼岸を渡ろうと呼びかけているのですが、智慧の完成に執着すると、弱い相手の立場が理解できなくなります。自分勝手で自己主張の強い人格になってしまいます。『般若心経』の精神は、こだわりを捨てて、ゆったりとした毎日を過ごすことを目指しています。

得《とく》阿《あ》耨《のく》多《た》羅《ら》三《さん》藐《みゃく》三《さん》菩《ぼ》提《だい》

【読み下し】 阿耨多羅三藐三菩提を得たもう

レストランのスペシャルランチ
定休日には食べられない

【訳】

無上の完全なる悟りを得られたという変わることのない本当の智慧を得ることができた

【語句解釈】

「阿耨多羅三藐三菩提」は、時間や場所に関係なく、究極の正しい悟りです。ほかの教えと比較できない、最高のさらに上のランクの「無上」の智慧を示します。

説きほぐし（解説）

「阿耨多羅三藐三菩提」は、サンスクリット語（古代インド語）の音訳語です。『般若心経』の最後の部分「ギャーテー、ギャーテー」と同じ扱いです。音訳ですので、頑張って漢和辞典と格闘しても意味を理解することはできません。「ギャーテー、ギャーテー」のように経典の最後の部分に音訳が使われていると、何となく意味があると解釈できるのですが、この部分は突如として出現する不思議な言葉です。漢訳に置き換えることを失念したのだろうかと思いたくなります（そんなことは、ありえない）。漢訳しますと「無上、正等、正覚」です。意味は「この上もない、正しく完全な悟り」です。「三世諸仏」から続けると、「三世の仏たちが『般若心経』に依るが故に、阿耨多羅三藐三菩提を得たまえり」となりますが、阿耨多羅三藐三菩提の部分を「無上、正等、正覚」

（この上もない、正しく完全な悟り）と訳せばよいと思うのですが、訳さなかった。逆に考えると、訳さなかったことに意味があるようです。『般若心経』を訳した人は、以下のように考えたと思われます。

完全な悟りなど私達人間が手に入る境地であろうか。そんな境地を手に入れることは、不可能であろう。完全に文字の上に「もっと」を乗せ続ければ、果てしない。エンドレスで言葉が重なります。いやとまれ、私達は言葉遊びをしているのではない。『般若心経』を学ぼうとしているのである。『般若心経』を訳した人は、この部分は音訳に留めたのです。訳してしまうと、『般若心経』の意図が壊れてしまうと考えたようです。

私達は渡彼岸を目的として、『般若心経』を学んできましたが、最終目的地には到達不可能と言われてしまいました。読者の皆さまから不平の言葉が聞こえてきそうな雰囲気です。『般若心経』では同時に「こだわるな」とも学びました。あらゆるものが「空」として存在し、なおかつ法則通りに動いている。その「空」には私情など差し挟む余地など存在しませんでした。同時に「無・無・無」と学び続けてきました。「こだわり」を捨てれば、もっと自由になれる。そのためには発想の転換をすることが「こだわり」との決別です。到彼岸のこだわりを捨てて考え直してみると、「阿耨多羅三藐三菩提」の境地は、はるか彼方に存在するのではなく、自分の足元に見出すことも可能です。毎日を有意義に過ごすことで目的地に近づこうと、皆に呼びかけているのです。

目的地に向かって歩むことを「方便」といいます。サンスクリット語では「ウパーヤ」で、意味は「近づく」です。最高の悟りに向かって一歩一歩近づく歩みが大切であると、説いているのです。「嘘も方便」という言葉があります。目的を達成するためには少々の嘘は許される、といった意味で使われます。目的が手段を正当化していますが、これは仏教の主張する「方便」とは違います。仏教では「嘘は方便ではない・嘘は嘘」と教えています。仏教の「方便」をよく教えている話に「化城」の逸話があります。

物語の設定は、遥か彼方にある宝の国を目指す商人の一団が登場します。宝の国が、『般若心経』で示す最終目的地です。「無上、正等、正覚」「阿耨多羅三藐三菩提」「到彼岸の国」と呼んでいます。商人の一団が私達人間です。一団にはリーダーがいます。それが仏さまです。出発当初は元気であった一団も、しばらくすると疲れが出てきて弱音をはく人が出てきます。「もう疲れた。宝などあきらめた」その時、リーダーはすぐ目の前に化城を出現させます。化城とは幻の城です。そして皆を元気づけるのです。「あそこに見える城が私達の目的地だ。もう少しだ。元気を出そう」。一団はその化城で休んで体力を回復します。すると、リーダーが言います。「ここは最終の目的地ではありません。私達の目的地はもっと遠い。さあ、出発しよう」リーダーは何度も何度も化城を出現させながら、皆を最終目的地へと導いているのです。砂漠の中に作られた化城は、幻で嘘の城だから「ウソも方便」が正しい使い方だと、いわれてしまいそうです。そうではなくて、逸話が教えているのは、私達が最高の悟りを目指して歩んでいるその姿、その行動、その行為が大切であると教えているのです。

『般若心経』は、目的地に到達するという結果にこだわることを捨てて、結果に到るプロセス（過程）に価値を求めよと言っています。私達に大きく発想を転換することを求めているのです。どうやら、その秘密の合言葉が「阿耨多羅三藐三菩提」の言葉に込められているようです。

閑話

三仏忌

お釈迦さまに関する大切な日です。「マメ知識」として覚えておきたいものです。
「降誕会《ごうたんえ》」四月八日で、お釈迦さまの誕生日。
「成道会《じょうどうえ》」十二月八日。お悟りになられた日。
「涅槃会《ねはんえ》」二月十五日。お釈迦さまの命日。

三仏忌の「忌」の文字の使われ方にいつも疑問を持っていました。「忌」は、忌み嫌う文字です。できたら避けたい出来事であり、マイナスのイメージが常に付きまといます。降誕や成道の日は、どう考えてもプラスイメージの日です。だのに「忌」の文字をつけてしまう感覚が理解できませんでした。今回もう一度「忌」の文字を調べなおしてみました。神道ではもともと「忌」の文字には、清楚や清める、の意味がありました。たとえば、神さまにお供えするモノ（食事）は、私達が使うものと区別したようです。食器から竈《かまど》（現代のレンジ）、調理用の炎（薪やガス）まで、神さま専用に「忌」の文字をつけました。私達が、神さまのモノを使うのは「恐れ多いことで」できるだけ使わないように、大切に取り扱ったのだと思います。時代の経過とともに、避けて使う部分が強調され、肝心の「清楚・清める・大切なモノ」の部分が忘れ去られてしまったようです。

「忌」の文字を辞書では、①嫌なこととして避ける、恐れはばかる②死者の命日③喪に服する期間と書かれていました。やはり誤解されて「忌」の文字が使われています。この解釈を何とかプラスイメージに訂正しなければと思うのですが、思うようにいきません。十二月の成道会は、クリスマスケーキに圧倒されています。二月の涅槃会は、ハート形のチョコレートに負けています。読者の皆さまに愚痴を言っても始まりません。私達僧侶の布教不足、宣伝不足なのでしょう。マメ知識として「三仏忌」は、お釈迦さまの大切な「清浄な日」と、覚えておいてください。決して忌み嫌う日ではありません。

第五章

時不待人《ときひとをまたず》

共に歩む
すばらしい
仲間

私達の世界は縁起の法則に貫かれている。その「縁」の対応次第で、未来の世界は大きく変化する。私達は良縁を望むが、「縁」には良縁、悪縁は存在しない。自分の都合で良縁、悪縁のレッテルを貼って区別しているのだ。「縁」を、プラスイメージで対応すると、お釈迦さまのお示しがよくわかる。

故知《こち》、般若波羅蜜多《はんにゃはらみった》

【読み下し】故に知るべし、般若波羅蜜多は

相手がいるから「共生」が成り立つ

【訳】
故に真の安らぎに入る道を説く般若波羅蜜多は
ゆえにこう気づきなさい、般若波羅蜜多は

【語句解釈】
「故知」を上から目線の命令調と解釈すると、私達は反発しがちです。知る、あるいは気がつくと解釈すると、逆に親しみを感じます。

説きほぐし（解説）

「故に知るべし、般若波羅蜜多は……」と読みます。般若波羅蜜多は、何度も出てきました。普通は最後の「多」を省略して般若波羅蜜と読んでいます。「般若」は仏になるための智慧で、「波羅蜜（多）」は完成・成就を意味しています。仏の智慧の完成を「知るべし」と解釈すると、命令口調が気に入らない。説教は聞き飽きたと、私達はまた反発します。「故知」は、上から目線の言葉ではなく、自分自身で気が付きなさいといっているのです。『般若心経』の最終目的は、私達を此岸から彼岸へ渡すことです。私達は今、此岸に住んでいます。この世界は競争が厳しくて、「負けたくない」と考えている私達は、いつもイライラしています。他人より少しでも多くのモノを手に入れるためには、常にアンテナを張り巡らして、相手より有利なポジションをキープしなければなりま

せん。まさに、一瞬も油断ができません。「人より早く、人より多く」が信条ですので、心が休まる時がありません。一方、彼岸は反対に競争を放棄しましたので、心は穏やかです。他人は他人、自分は自分と割り切りましたので、他人をうらやましく思うことがなくなりました。両者を比較すると私達が目指ざすべき道はどちらでしょう。心を落ち着けてよく考えなければなりません。どちらの道を選ぶべきか迷っている時、心の穏やかさを一生懸命に説明し、立ち止まらないで一緒に彼岸に渡ろうと、呼びかけてくれる存在があります。「化城」を出現させてでも、ご一緒にと誘ってくれる存在です。誰でしょう。そうです。仏さまであり、菩薩さまです。

もう一度整理しますと、私達の最終目的は、向こう岸に渡ること（到彼岸）です。こちらの岸（此岸）は、貪・瞋・癡・慢（根本煩悩）の煩悩があふれている世界です。貪は、貧欲で欲望でした。瞋は、瞋恚で怒りです。癡は、愚痴で苦悩です。慢は、慢心でうぬぼれです。それらの心に対抗して、仏たちは「四無量心《しむりょうしん》」を示しています。慈・悲・喜・捨の四種の心です。根本煩悩と四無量心は、それぞれ対応しています。煩悩を小さくするには「四無量心」を意識的に育てなければなりません。煩悩が少し小さくなった隙間に、無量心が潤滑油のように入り込みます。ギスギスしていた心が、潤滑油のお蔭で心の動きがなめらかになるのです。

「四無量心」を個々に説明しますと、

慈《じ》　いつくしみ　相手を思う心

悲《ひ》　悲しみ　相手と同じように悲しむ（同悲・同苦）

喜《き》　喜び　共に喜ぶ

捨《しゃ》　捨てる　皆を平等に扱う

復習の意味で、根本煩悩も個々に羅列します。

貪　貧欲　欲

瞋　瞋恚　いかり

癡　愚痴　苦悩

慢　慢心　うぬぼれ

根本煩悩と四無量心を比べてみると、煩悩は自分の心の問題です。四無量心を育てるには、相手の存在がどうしても必要です。私の「慈・悲・喜・捨」を受け取ってくれる相手が存在するから、「四無量心」が成立するのです。私達は単独では生きることができません。やはりお互いが支えあって生きているのです。その状態を「共生」といいます。共生は環境問題のニュースで出会う言葉です。自然との共生、動物との共生と使われています。共生は「共に幸せに生きる」ことですから、人間同士、民族同士の「共生」も大切です。身近な「人間同士の共生」は、自分と気に入らない相手との「共生」です。どうやらキーワードの言葉が見えてきました。「共生」の二文字です。

閑話

六波羅蜜　その一

六波羅蜜は、此岸から彼岸に渡るための心構えです。六波羅蜜の各項目をもう少し詳しく説明します。もちろん理解したことを、実践し続けることが肝心です。六波羅蜜は、各項目がバラバラに存在するのではなく、互いに関連し合って存在しています。

一、**布施**　与えよう　物でも心でも　ふせごう　心の砂漠化

「布施」とは、人々に物や心を施し、安心を与えることです。私達の心には、他者に物を与える心の余裕ができたり、反対に奪い合う心が生じたりします。どちらが本来の人間の心でしょうか。人間から布施の心がなくなったら、盗ったあるいは盗られた、勝った、負けたと殺伐とした世の中になります。人間関係が相互不信状態になり、ストレスの増大する世の中です。心の砂漠化です。大地から水分が失われますと「砂漠化」になります。砂漠化した大地に「仏の種」を植えても育つことは不可能です。

『般若心経』から、私達は一人で生きていくことはできないのだと、学びました。「共生」の世の中であることを自覚しなければなりません。「共生」の世のしくみを学び、そして育まなければなりません。本当の喜びは、他人を負かして手に入れるものではなく、自分が人々のために何かをしてあげる、そして人々の笑顔からあなたが生きる勇気をいただくことなのです。お互

いに支え合っていることの確認が「布施」なのです。自身の心の砂漠化を防ぐ具体的な行動が、布施行です。

二、**持戒**　生きよう　人間らしく　人には親切に接したい

「持戒」は、仏教教団で定められた戒律を守り続けることです。自分の都合で、守ったり破ったりしないことです。「持」の文字が守り続ける永続性をあらわしています。お釈迦さまは「人は、「おのれ」より愛しいものを、見出すことはできない。同じように、他の人々も「おのれ」はこの上もなく愛おしい。されば、「おのれ」の愛おしいことを知る者は、他の者を害することはできない」と説いておられます。そして、人類の安寧のために「不殺生」を最初の戒めと定めました。「生きものを殺したくない。殺せない」という心が、優しさや思いやりの原点です。人間らしく生きていく第一条件です。この条件を忘れだしてから、地球規模の環境破壊が加速しました。自然に対する「優しさ・思いやり」を忘れて、自然からの恵みだけを享受しようと考えても、やはり無理があるようです。共生の世界であることを、異常気象を通して知らなければなりません。人間だけが持ち合わせている「優しさ・思いやり」の心を大切にしましょう。

是大神咒《ぜだいじんしゅ》

大きな声で叫びましょう「開けゴマ」と

【読み下し】 是れ大神咒なり

【訳】
摩訶不思議の真言である
般若波羅蜜多は大いなる真言なのだ

【語句解釈】
「咒」は、真言です。真言とは、真実の言葉を意味します。ダラニ、マントラともいいます。

説きほぐし（解説）

「咒」と「呪」は同義語です。したがってどちらの文字を使ってもいいのですが、「呪」の文字には、「呪い殺す」等の暗いイメージが付きまといます。ここでは「咒」の文字を使用します。「咒」と「呪」を並べて、どちらの文字が仏教のイメージに近いかと尋ねると、多くの人々は後者を選択すると思います。しかし、両者は同義語ですよ。仏教擁護の立場で意見を述べるのであれば、何とかイメージを変えていただきたい。仏教は呪いとか、奇跡とか、超能力は説いていません。目の前の現実を、発想の転換で考え直そうと呼びかけているのです。でも一度付いたイメージは、なかなか払拭できません。仏教イコール葬儀。葬儀イコールあまり出会いたくない。出会いたくないイコール仏教。まさに、負のスパイタル状態です。

ぼやいていても前へ進みませんので、話を戻します。

子どもの頃、痛いところがあると親が「痛いの　痛いの　飛んでいけ」と言いながら、痛い部分をさすってくれたことを覚えています。不思議と痛みが和らぎました。そんなことは単なる迷信にすぎないと、現代人は一笑に付しますが、結構迷信を気にして生活しています。四や九の数字は「死ぬ」や「苦しみ」に通じるからと避ける傾向にあります。入試の前には「すべる・ころぶ」という言葉は禁句です。結婚披露宴では「切れる　別れる　帰る　戻る……」禁句のオンパレードです。少し考えただけでも、影響はこのように多大に残っています。面白いのは、言葉の音声に霊力が存在すると考えていることです。「言霊思想」と呼んでいます。最初は、単なる語呂合わせでしたが、時間の経過とともにイメージが定着して縁起がよい、縁起が悪いと区別され、縁起の悪い方を忌み嫌うようになりました。数字の七や八はラッキー、一つ多い九は縁起悪い、これでは数字の「九」文字の立つ瀬がありません。『般若心経』は勝手に付けられたイメージにこだわらずに、みな平等に扱うようにしようと、呼びかけているのです。

ところでアラビアンナイトの『アリババと四十人の盗賊』に出てくる「開けゴマ」の言葉も、音声に力が存在すると考えられます。大きな岩の前で、日本語を使って「開けゴマ」と叫んでも岩は動きません。「オープン　セサミ」と英語で叫んでもダメです。ドイツ語もフランス語も中国語もダメです。現地の言葉でなければ開きません。現地の言葉でも「開けムギ」「開けマメ」の言葉でも駄目です。正しく「開けゴマ」という音声に反応する装置です。現代風に解釈すると「音声認識装置」でしょうか。宗教の世界ではこの音声認識装置が結構設置されています。日本の神道では

「祝詞《のりと》」に当たります。キリスト教では「アーメン」と神さまとのコンタクトの言葉が存在します。「アーメン」とは何語でどんな意味があるのと突っ込まれると、アーメンはアーメンとしか答えられないと、逃げてしまいます。まさに十二月の風物詩「メリークリスマス」状態です。言葉にはこのような威力、霊力が宿っていると人々は信じていました。

仏教ではこの言葉にあたるのが「真言」で、「真実の言葉」という意味です。『般若心経』では「咒」と訳されています。マントラ、ダラニ（陀羅尼）、總持など多様に訳されています。真実の言葉は、偽りの言葉を打ち負かす力があると信じられています。

ウソは一時的に相手をごまかせても、自分自身はごまかせません。永遠に傷つくのは、自分自身です。「大神咒」は、ウソはいつかばれると、言っているのです。ウソの言葉から「ウソも方便」の語源である砂漠の中の「化城」の譬えを思い浮かべます。「仮城」に留まり旅をすることを放棄してしまえば、「仮城」が「仮城」になりません。次のステップに進もうとしますので「仮城」になるのです。ひと休みした場所は、あくまで仮の場所です。大いなる旅の最終目的地ではありません。ここで旅をする人々に伝えなければならない言葉は、「ここは化城である。元気を出して出発しよう」と呼びかけることです。その言葉が「大神咒」です。具体的には、感謝の言葉です。それも笑顔溢れる感謝の言葉です。

「沈黙は金」と日本人は、感情を表に出しませんでした。「男は三年に片頬」と言っていました。男たる者の礼儀は、人前でむやみに笑ってはいけない。笑いは三年に一度、それも片頬だけで笑えという意味です。国内では美徳でしたが、グローバルな時代では通用しない価値観です。「以心伝心」と大切な事柄は、親から子供、孫へと言葉を用いなくても、心から心へと伝えることができる。いや大切なことは、言葉では伝わらない、心で伝えるのである。師匠の技術を弟子たちは「見て」覚えろと、いう時代は終わりました。現代は機会均等社会。マニュアル社会です。同じことを同じように繰り返す社会です。「三年に片頬」と「マニュアル社会」は、両極端の意見です。仏教は両極端の意見を避けて「中道」を歩みます。曖昧な笑いではなく、相手の心をホッとさせる微笑みを大切にします。作られた笑顔ではなく、相手の痛みを感じる優しさです。「やってみて　言って聞かせて　させてみて　誉めてやらねば　人は動かじ」といわれています。幸せになる言葉を知っているだけでは、幸せにはなれません。あなた自身が、心穏やかに毎日を過ごす。なんでもないことですが、これが周りの人々の手本になる過ごし方です。私達が積極的に感謝の言葉を使わなければ、周りの人々に幸せの門の開き方を教えることができません。

大きな声で叫びましょう。「開けゴマ」と。

是大明咒《ぜだいみょうしゅ》

立ち止まっていては目的地には到達しない

【読み下し】　是れ大明咒なり

【訳】　無明の闇を照らす　まことの言葉である

般若波羅蜜多は大いなる正しい智慧の真言だ

【語句解釈】
「明」は、無明（無始）の反対で煩悩の闇を破ることです。智慧を意味します。

説きほぐし（解説）

「正しい智慧」が大切と説かれても、私達には「正しさ」を手に入れるのが困難です。自分で正しいと思っても、立場が変われば、時代が変化すれば……。色々な条件の変化で「正しさ」の概念は変わってきます。『般若心経』も私達に教えています。あなたが手に入れた「正しさ」は、本当に「正しい」と言いきれますか。発想を変えてもう一度考えてみましょうと、説いていました。いや、それすら「空」なのだから「正しい智慧」にもこだわる必要もない、「あるがまま」を受け入れ、目の前の「縁」を大切に、一日を過そうと呼びかけているのです。ここからが大切な部分です。その呼びかけに賛同して、そのように実行できているか、問われているのです。その呼びかけを聞いていますか、知っていますか、と問われているのではありません。私達はその呼びかけを聞いただけで、どうやら安心して動きを止めてしまうようです。

呼びかけの内容とは「仏の誓願」です。仏や菩薩は、一切衆生を苦悩から救い出したいと願っている存在です。その存在を知った私達は、私も救われるのだと安心してしまい、歩みをやめてしまうようです。そうではなくて、仏や菩薩の存在は、私達が道に迷わないように、道路の分岐点で「そちらではなく、こちらです」と矢印で正しい道を示している存在だと思います。その矢印を信じて道を歩んでいくのは私達一人ひとりです。矢印を一生懸命に眺めていても一歩も前に進みません。理解したことを、実践する必要があるのです。「到彼岸」には、時間がかかります。簡単には到達できない距離ですので、毎日毎日、一歩ずつ近づかなければなりません。毎日毎日の永続性も大切です。理解し、実践し、続ける。この三本の柱が「正しい智慧」の正体です。私達は、実践と永続性を欠如して理解していますので、足元は一向に変わらないのです。

是《ぜ》無《む》上《じょう》呪《しゅ》

努力第一主義は疲れる
マイペースが一番

【読み下し】 是れ無上呪なり

【訳】
この上なく尊い言霊である
般若波羅蜜多は極上の真言である

【語句解釈】
「無上」は、自己の「仏性」に気づくことです。自己の足元、自分自身です。

説きほぐし（解説）

私達は努力すれば何でもできる、何でも叶うと考えています。努力至上主義、努力第一主義です。たとえば、友達と待ち合わせをしていた。時間に遅れそうになり、少し小走りに歩き、何とか時間に間に合った。私は努力したから遅刻しなかった。遅刻してしまった友達に対しては、「おまえの努力が足りないから遅刻したのだ」と考えます。はたしてそうでしょうか。遅刻しなったのは、電車やバスが定刻に動いたから、という条件が必要です。歩道や駅の構内も小走りに走ることができた、という条件が必要です。朝起きて家族の誰かが、体調が悪ければ、一緒に病院に行かなければなりません。だから家族の健康も大切な条件のひとつです。家族の誰かが病気でうなっているのに、自分一人、出かけるわけにいきません。

ここまで『般若心経』を一緒に読み進めてきた皆さまの声が聞こえてきます。そのことを「縁」というのではと。そうです、仏教では「多くのご縁」によって物事が成り立っていると考えます。「私は努力したから遅刻しなかった」と考えたことは間違いではありません。あの時、遅刻しないように構内を急いだから、遅刻しなかった。友達はのんびり歩いていたのですから、遅刻した。しかし、『般若心経』を学んだ私達は、ここからの対応が違うのです。自分一人の努力だけでは物事は成就しないのだと気が付き、遅刻した相手を許す心の余裕を持たねばなりません。相手に一方的に過失があっても、相手を許すのです。なぜ相手を許すのでしょうか。今度自分が遅刻した時に、許してもらうためです。いや、許してもらえる保証はないかも知れませんが、相手を許すのです。その行為が、人間として生きている証なのです。仏への一筋の道を歩む者の、心構えです。

努力第一主義の荷物を手放しますと、少し身が軽くなります。失敗した相手を許す「やさしさ」を身に付けると、心も軽くなります。そんな人を慕って多くの人が集まります。それは当然のことです。努力が足りないと小言ばかりを言う人と、失敗しても優しく見守ってくれる人では、どちらの人と仲良く接したいと思いますか。相手の失敗に目くじらを立てるのは簡単です。しかし世の中「もちつもたれつ」「情けは人のためならず」といたわりや優しさの心を大切にしたいものです。その言葉が「無上咒」です。

閑話

六波羅蜜　その二

三、**忍辱**　たえようどんなことにも　息を整えて「冷静に、冷静に」

私達は必ず人生の苦しみを味わいます。「四苦八苦」の言葉で示されています。「四苦」は、身体的苦しみである「生・老・病・死」です。さらに精神的な苦しみが四項目加わり合計「八苦」になります。⑤愛別離苦（愛する人とは別離の悲しみが必ずある）⑥怨憎会苦（馬が合わない人との出会いが必ずある）⑦求不得苦（求めても手にはいらないものが必ずある）⑧五陰盛苦（苦しみが身体から離れない苦しみ）の四項目です。この四苦八苦が溢れている人生を生き抜くためには、耐える精神（忍辱）を持たなければ、人生を誤ってしまいます。忍辱とは我慢や辛抱ではありません。持ちつ持たれつの「共生き」の世界であることを認識することです。相手を否定するから、自分も否定されるのです。相手を追い詰めるから、自分も追い詰められるのです。そんなに目くじら立てて怒ってみても、現状はあまり変わりなせん。腹が立ち、悔しさが増しますが、相手を許してあげるのです。相手を許す心の転換が必要です。坐禅のように腹式呼吸をして、相手の失敗を許してあげる。いや、「人生、善悪定めがたし」です。表面的には相手の失敗に見えていますが、本当は私の失敗が原因かもしれません。相手の失敗を許す心が忍辱の修行です。相手を許すことにより、自分も許されていると相互依存関係の「縁」の考えが根底に流れています。相手の失敗を許す心の余裕を持ちたいものです。

四、**精進**　努めよう自分の仕事に　結果よりプロセスに価値を求める

「玉磨かざれば、光なし」と、どんなに才能に恵まれていても、自己を鍛錬する過程を経なければ、輝きを得ることはできません。私達は精進と努力を混同しています。玉が輝かないのは努力不足と、また歯を食いしばってさらに猛烈な努力を続けます。どうやら、精進と努力は異質なものです。「努力目標」の言葉は存在しますが「精進目標」の言葉は存在しません。精進は目標にならないようです。どうやら結果にこだわるのが努力です。「努力目標」のみが前面に出ますと、ズルをして手に入れた結果でも、目標に到達していれば許されると思いがちです。努力主義は結果さえよければという「結果第一主義」におちいります。精進は、結果に到る過程（プロセス）に価値を見出そうとする考え方です。精進と努力、どちらにこだわるのかは個々の価値観の相違でしょう。しかし、結果にこだわり続けると、時間がないと焦りつつ頑張るのが努力ですので、仕事や作業、勉強をしていても少しも楽しくありません。仏教は皆さまに「精進」をお勧めします。精進は毎日毎日少しのスピードですが、目標に近づくことができた、達成感を感じています。だから満足する一日を過ごしています。悔いのない一日を過ごしています。結果にこだわっていると、この満足感は目標を手に入れた一日だけです。次の日はまた次の目標に向かって、歯を食いしばって……の繰り返しです。心の安寧はありません。どちらを選択するかは、各自の自由であり、各自の責任でもあります。

是《ぜ》無《む》等《とう》等《どう》呪《しゅ》

くよくよしないで前へ進もう

【読み下し】 是れ無等等呪なり

【訳】
比類なく尊い明咒（ダラニ）である般若波羅蜜多は比べることのできない真言だ

【語句解釈】
「無等等」は、比べることができない状態を示します。

説きほぐし（解説）

祈りを分類すると、二種類の祈りが存在します。一つは請求書的祈りです。もう一つは領収書的祈りです。請求書的祈りは、エゴイズムの祈りです。「自分を合格させてください」「自分だけよい思いをさせてください」と祈ることです。「自分だけ」と祈ることは、立場を変えて考えると「相手の不幸」を祈っていることです。「自分を合格させてください」とは、「相手を不合格にしてください」と祈っているのです。私達は、『般若心経』を読んで学んできました。そこで学んできたものは、この世は自分一人で生きていくことができない。どうしても相手が必要であるということです。私達は「共生」の文字の存在に気が付きました。「合格させてください」との祈りは、「共生」の精神と相反する願いであることを自覚しなければなりません。相手を蹴落とす祈りであることを知らなければなりません。請求書的祈りは、自分自身を惨めにする祈りです。

一方、領収書的祈りは「ありがとう」「ありがたい」と感謝の祈りです。入試で合格すれば、合格させていただいたことに感謝し、不合格でも浪人生として再チャレンジさせていただけることに対して感謝します。健康であれば、健康な生活をさせていただけることに対して感謝し、体調が悪く入院中でも、病気でもなお幸せな日々を過ごさせていただけることに感謝します。努力だけでは物事が成就しないことを前節で学びました。この「共生き」の世の中においては、相手の存在が不可欠です。私達は、ここまでは理解することができます。次に「共生」する相手を考えてみますと、私が出会う相手はいつも仏さまのような人々との出会いを望んでいるのですが、現実は反対です。ここに思いと相反する足元の現実があります。何とかしたいが何ともならない。まさに「思いどおりにならない」現実です。だのに仏さまは、感謝の言葉の実践と永続が大切だと私達に説き続けます。私達は足元がグラつき、頭が混乱してしまいます。

『般若心経』が説くように発想を転換してもう一度自分の足元を考え直してみましょう。「腹を立てている私が、感謝の言葉を使う」「自分のエゴを捨てて、感謝の言葉を使い続ける」その行為、行動が最高の真言（呪文）であり、その真言は比べるもののない最高の言葉であると言っているのです。具体的には、感謝の言葉を使うことです。

「是大神咒、是大明咒、是無上咒、是無等等咒」と声に出しますと、非常にリズミカルに感じる部分です。若者言葉に訳しますと「『般若心経』は、スゲー、サイコー、ヤバイ、チョーヤバイ」となるでしょうか。賛嘆の言葉の繰り返しです。おじさん言葉で訳しますと「ありがとう、有り難い、

お蔭さま、もったいない」の感謝（智慧）の言葉でしょうか。
『般若心経』の解説書を読むとき、このように解釈すべきだ、上から目線の解説書は面白くありません。『般若心経』は自分の足元を点検しつつ、自分の言葉に置き換えるのも楽しい接し方です。
わたしには「くよくよしないで前へ進もう」と聞こえるのですが、読者の皆さまは、どのように聞こえていますか。

能除一切苦《のうじょいっさいく》

苦しい時こそ感謝の言葉を使おう

【読み下し】 よく一切の苦を除き

【訳】
この真言により執着を離れ　一切の苦を除くこと
よく一切の苦しみを消滅させる

【語句解釈】
「能」は、「〜できる」の意味です。苦しみや災難を除くことができると、断定しています。

説きほぐし（解説）

「能除」の状態は、『般若心経』の摩訶不思議な霊力で、私達の災難を取り除いてくれるとイメージしがちです。今まで一緒に『般若心経』を読み続けてきた読者の皆さまは、その考えは違うと明確に否定してくれると思っています（え、まだ霊力に頼りますか。霊力を肯定する人はもう一度最初から読み直してください）。

「能除」の原動力は六波羅蜜の実践です。頭で理解したことを現実の生活に役立てて初めて、役に立ったという状態になるのです。私達は、頭の中の理解だけで留めておくので、足元は一向に変わらないようです。

『般若心経』は六波羅蜜の実践、永続を通して、苦しみの根本的な解決方法を示しているのです。

苦しみの原因を正しく認識するためには、心を落ち着けて冷静にならなければなりません。頭に血がのぼった状態で相手と接しますので、判断が狂ってしまうのです。私は相手と「共生」を考えていたのですが、相手の呼吸は荒く、目は血走り、言葉も乱暴に私に接してきます。相手がこのような状態であれば、こちらも負けずに乱暴な言葉で対応しようとします。第三者には手におえない混乱が生じてしまいます。混乱の責任は相手にあると、自分を正当化しようとしています。あれこれ自分勝手な理屈を考えだし、自分の非を認めようとしません。『般若心経』を一緒に読み進めてきた皆さまは、頭に血をのぼらせるのではなく、頭に智（智慧）をのぼらせるべきだと気がつきましたか。それには心を落ち着けて（禅定）、冷静になって相手と接する必要があります。「あ、このままだと喧嘩になる」とどれだけ早く気が付き、自身を軌道修正できるかが分かれ目です。

私達のいる此岸は、お互いに迷惑をかけつつ生きている世界です。忍土、娑婆世界と呼んでいます。ちょうど満員電車に乗り合わせたようなものです。電車が揺れるたびに足を踏まれてしまいます。いちいち腹を立てていてはきりがありません。足を踏まれても相手を許してあげる（忍辱）必要があるのです。なぜなら、次に電車がゴトンと揺れた時、私が相手の足を踏むかもしれません。人の足を踏んづけてはダメというルール（持戒）は知っています。そして足を踏まれて迷惑を受けたことは間違いのない事実です。しかし、相手はわざと踏んだのではない、私も弾みで踏む場合もあると考え、相手を許す心（布施）の余裕を持ち続けたい（精進）ものです。六波羅蜜の実践と続けるという永続性が、苦しみに対応する一番の方法であるようです。

閑話

六波羅蜜　その三

五、**禅定**　落ち着こう　息整えて　もう一人の自分との出会い

「落ち着きを得るために」坐禅をする。「仏になるために」坐禅をする。このように目的を持って坐禅をしますと、坐禅が目的のための手段になります。「精進」の項目で学びましたが、仏教は努力目標のお勧めではなく、目的に到るプロセスに価値を見出そうとします。悟りを得るための坐禅は、悟りが大切で坐禅が二の次になってしまいます。坐禅が悟りの付属物になってしまいます。道元禅師は「私達は元来仏であるから、坐禅ができるのだ」と示されています。道元禅師の境地は、坐禅に励む姿が仏であり、悟りであり、それが最終目的地なのです。道元禅師の坐禅を「只管打坐《しかんたざ》（ただひたすらの坐禅）」と表現しますが、悟りが目的ではなく、坐禅が目的であることを示した言葉です。ただひたすら坐禅に励む、道元禅師の坐禅観はどこまでも純粋です。

忙しい生活であればあるほど、心に余裕を持ちたいものです。背筋を伸ばして息を整えて、「共生」の世の中であることを感じましょう。一つひとつのご縁を大切に取り扱いましょう。私達の心は、波間の船のように波の影響を受けて、左右に傾きます。しかし、復元力は働いて沈没することはありません（限界点を越えないことが条件ですが）。この復元力の正体が「禅定」です。

ところで、南伝仏教と北伝仏教では「禅定」の解釈が大きく違います。悟りを海水に譬えますと、南伝仏教は波のない平らな海が最高である（明鏡止水《めいきょうしすい》）と示しています。北伝仏教は海の水を鏡のように平らにすることは不可能である。だからさまざまな波の姿そのままで素晴らしい、と解釈しています。あなたにとって、どちらの解釈が身近な教えになるでしょうか。揺れ動く心を一度止めて、答えを出す必要があるようです。

六、**智慧**　目覚めよう仏の道に　磨こう言葉と行動

「般若波羅蜜」の「般若（パンニャー）」を音写したものが「般若」です。すべてのものの実相、真理を見極める判断力を意味します。世の中の実相（姿）は、四苦八苦が示すように自分の思いどおりになりません。だから苦悩や悩みが生じます。私達は苦しみから逃れるために、当然苦しみの解決法を考えます。その解決方法は、苦しみの原因をいつも相手に求めています。だから同じ悩み、苦しみが繰り返されるのです。問題解決のために一生懸命頑張るのですが、最初からどうも解決の方向が違っているようです。

「智慧」の世界では、苦悩の問題解決を相手に求めるのではなく、自分自身に求めます。ここが大きく違うところで、最初の一歩から歩み出す方向が大きく違っているようです。相手を自分の気に入るように変えるのが「知恵」です。相手がこちらの思いどおりに変わったとしても、こちらに欲が存在しますので、幸せのレベルを上げます。そうするとまた相手を自分の思いどおりに変えなければなりません。こちらの欲が膨らんでいる間は、同じことの繰り返しで

す。際限なく苦悩は続きます。これが『般若心経』に出会うまでの、あなたの問題解決の方法でした。

六波羅蜜の「智慧」の問題解決方法は、自分に原因を求めようとします。気に入らぬ世の中の姿と、どのように付き合っていくのか、どのように馬を合わせていくのかと「智慧」を出すのです。自分の問題ですので、はっきりと自分の性根《しょうね》と対話ができます。自分の欲をコントロールすることですから、自己責任で問題解決ができます。『般若心経』を学んできた私達は、発想の転換という考え方も存在することを学びました。お釈迦さまは「感謝」という気持ちで苦悩や苦しみと接してみたらと、アイデアを示されています。あくまでアイデアですので、実行、実践するのはそのアイデアを聞いた本人です。言葉や行動という具体的な行為が、相手に伝わるのです。智慧を出して、感謝の思いを相手に伝えたいものです。

真《しん》実《じつ》不《ふ》虚《こ》

悔いのない一日を過ごそう

【読み下し】真実にして虚ならず

【訳】
うそいつわりなき真実である
それは真実であり、虚妄ではない

【語句解釈】
「真実」は、絶対の真理を示しています。
「虚」は、うそ、いつわりを意味します。

説きほぐし（解説）

仏教の戒律に「不《ふ》妄《もう》語《ご》戒《かい》」があります。「ウソをついてはいけない」と説かれています。もちろんお釈迦さまは、厳格に守っておられました。仏典に「尊師（お釈迦さま）は沈黙をもって、承諾された」と厳格に守っておられた様子が表現されています。お釈迦さまが在家の信者から招待を受け、日時を決めたとします。都合が悪い時は「行けません」とはっきりお答えになりました。逆にその招待を受けるときは「行きます」とはお答えになりませんでした。ただ黙っておられた。その沈黙を、招待した方は了解と解釈したようです。「行きます」と約束しても、当日になって病気で行けないときもあります。結果的にウソをついたことになります。そのようにならないように、沈黙をもって、承諾されたのです。私達は病気等の緊急の場合は、仕方がないではないかと考えますが、お釈迦さまは「ウソをつかない」という行為を厳格に考えておられました。

この妄語は、普通に使うウソだけでなく、お世辞や二枚舌、綺語（必要以上の飾り言葉）も含まれています。妄語の反対が真実の言葉です。「不妄語戒」とウソをついてはいけないと、説かれていますが、『般若心経』を一緒に学んできた私達は、別の角度から妄語を解釈したいと思います。

それはガンの告知問題です。本人にガンであることを告げるとショックで死期が早まるのではと、家族は心を悩まします。入院してガン治療をしている患者の立場で考えると、検査をするにも点滴治療をするにも、病院の先生と同意書を交わします。先生から検査や薬の細かい説明を受けて、何を治そうとしているのか、その時に万が一のトラブルはこのようなことが考えられるが、その時にはこのように対応すると、細かく説明があります。患者に抗がん剤投与されていて、本人がガン患者であることを知らないことはありえないと思います。では余命〇〇か月の宣告を伏せておくのか。一度ウソをつくと、そのウソを隠すためにまたウソを積み重ねなければなりません。そのウソが余命〇〇か月にどれほどの効果があるのでしょう。いや限られた別れの時間を、ウソを守るためにいらぬ労力を使わねばなりません。不妄語戒は、「真実を語る勇気をもて」と、解釈すべきでしょう。日頃から裏表のない夫婦関係を構築しているから、勇気をもって真実が語れるのです。いい加減な夫婦関係で病気の時に真実を語ろうとするから、迷いが生じるようです。「真実不虚」は、私達に精一杯生きようと問いかけているのです。問われていることは、余命〇〇か月ではなく、今日、今この一瞬、精一杯全力で生きているのかと、問いかけているのです。

故説般若波羅蜜多呪《こせつはんにゃはらみったしゅ》

【読み下し】故に般若波羅蜜多の呪を説く

合掌の姿はじつに美しい

【訳】

ここからは般若波羅蜜多を聖なる言葉として説く

さあそれでは安らぎの世界へ入る、般若の真言を説こう

【語句解釈】

「呪」は、仏の真実を伝える言葉で、唱えるだけで心が落ち着くと示されています。

説きほぐし（解説）

『般若心経』も最後の部分に近づいてきました。最終段階で素晴らしい呪（真言）を紹介してくれます。

私達が目にする経典は古代インド語を中国語に翻訳したものです。漢字が羅列されている経典でも、漢字の文化圏である日本人には、何となく意味を理解することができます。しかし、呪（真言）は漢字を一文字一文字調べてみても意味を理解することができません。解らないどころか慣れないと読むこともできません。これは翻訳をする時漢訳をさけて、古代インド語をそのまま使っているからです。古代インド語の音を、よく似た漢字に置き換えているのです。なぜ漢訳しなかったのかの疑問が残りますが、呪には、音（言葉）に力（霊力）があると解釈したからです。この考え

は仏教だけに限りません。他の宗教でも存在します。イスラム教では独特の節回しのコーランが伝えられています。キリスト教でも「アーメン」とヘブライ語をそのまま用いています。日本の神道でも祝詞に重要な意味が存在します。いずれも言葉に霊力が宿っているという「言霊信仰」です。日本人にはこの傾向が強いようです。結婚式には、切れる、分かれる、の言葉を避けます。受験生には、すべる、落ちる、の言葉を聞かせないようにします。冷静に考えると関係はないのですが、いまだにその呪縛から逃れることができません。そのような日本人ですので、『般若心経』の咒（真言）も抵抗なく受け入れました。

人間と動物の違いは何でしょう。「人間は火を使う動物である」「人間は道具を作り、それを利用する」等色々意見が出てきます。咒を学んでいる私達は「人間は言葉を使う動物である」と解釈しましょうか。いや、サルや鳥も危険がせまったら叫び声をあげて仲間に知らせるよと、言われるかも知れません。でもその叫び声は、言葉というより信号音に近いと思います。人間と動物の決定的違いは、言葉を通して相手（気に入らぬ）と会話（言葉）ができることです。多くの言葉が集まり文化が形成され、文化は宗教をはぐくみ育てたのです。神仏に手を合わせることができる動物が人間なのです。ここが決定的に違う、人間と動物の境目です。「私は無宗教です」と主張しますと。私は人間ではなく、人間の皮をまとった猛獣ですと、主張していることになります。

即《そく》説《せっ》呪《しゅ》曰《わく》

「いただきます」も大切な呪

【読み下し】即ち呪を説いて曰く

【訳】
すなわち、真実は次のようになる
呪は唱えると真実になる

【語句解釈】
「呪」は、唱え続けることが大切です。ボートがオールを動かし続けないと進まないのと同じことです。

説きほぐし（解説）

梅干という文字を見たり聞いたりすると、思わず口の中に唾が広がります。過去に口に含んで酸っぱい体験をしたことがインプットされているのでしょう。同じ梅干を外国人に見せても、この言葉を聞かせても無反応です。過去に体験が無いからです。では神仏に手を合わせるという大切な行為は、誰に教えてもらって誰にこの体にインプットされたのでしょう。そんな昔のことは覚えていない。知らないうちに教えられていたと、答えます。そうです、本当に記憶がありません。しかし、誰かが私の心の中に種を蒔いてくれなければ、育たなかったのは事実です。世界には多様な国があり多様な民族が住んでいます。そこには多様な宗教が存在します。私の信じる宗教が一番すぐれていると、すぐに優劣を付けようとします。世界各地で起きている民族紛争は、宗教紛争でもあります。人々を心穏やかな世界に導くべき宗教が、人々を傷つける戦争の世界に導いてしまう現実があります。だからこそ『般若心経』の精神を世界に発信しなければならないのです。自己と異なる相手の存在を認め、相手の立場に立ってもう一度考え直す。息を調えて発想の転換をしてみる。そうすると大きく道は開け、世界和平を手に入れることができると思うのですが。

話が少し大きくなりましたね。自分の背丈にあった話に戻します。

神仏に手を合わさない日本人が多くなってきたように思います。とくに若者が多いように思うのですが。それは、小さい時に手を合わせる「しつけ」をしていないからです。「しつけ」を漢字で書けば「躾」と書きます。人間としての動きが美しいと表現しています。その人の心の状態が、日常の立ち居振る舞いの動きに表れるのです。イヌやネコの「しつけ」には興味があるが、肝心の子どもたちに対して自由放任主義では主客転倒です。子供達に、神仏に手を合わせるという人間としての最低のルールは、何時誰が教えるのでしょう。家庭に手を合わせる対象物である「お仏壇」が存在しないのが最大の原因でしょう。家庭教育を根本から考え直さねばならないようです。若者を捕まえて「今の若者は信仰心が無い」とぼやいてみても、神仏に手を合わせることを教えられていないので仕方がないことです。まさに「蒔けば生える、蒔かねば生えない」の法則が存在します。「今どきの若者」と批判の声に対して、私は「今どきの若者」は、他者を思う心を十分に持ち合わせていると思います。また即、行動に移すことができる人々でもあると思っています。災害があると会社や学校の休みを利用して多くの若者が、災害現場にボランティアに駆けつけます。私は骨髄バンクから骨髄の提供を受けて命がつながったのですが、骨髄バンクには三十万人もの人々が提供者として登録されています。その中心は若者です。骨髄を提供する場合、完全なるボランティアです。むしろリスクは提供者の方が大きいように思います。多くの人々は、「今どきの若者は」と批判の言葉を口にしますが、他者を救いたいとの思いが行動として表現され、三十万人もの骨髄提供者の数に結びついています。「今どきの若者」も捨てたモノではありません。むしろたくましく感じます。「躾」は人としての思いを訓練して行動に表そうとするものです。善き手本が必要です。私達の先輩は『般若心経』の中にその善き手本を求めました。あなたのなんでもない動きが、子どもや孫の手本になっているのですよ。神仏に手を合わせる尊い姿を、子供や孫の脳裏に残したいものです。

羯諦《ぎゃあてい》。羯諦《ぎゃあてい》

行動を起こさなければ何事も始まらない

【読み下し】羯諦（ぎゃてい）　羯諦（ぎゃてい）

【訳】
往ける者よ　往ける者よ
行こう　行こう

【語句解釈】
「いく」は、行く、往く、逝くと漢字に置き換えられます。一方から他方へ移動することを意味します。

説きほぐし（解説）

「羯諦」とは、「彼岸に渡った者（渡り始めた者）よ」という意味です。同時にまだ彼岸に渡らずに留まっている私達に「彼岸に渡ろう」と呼びかけている言葉でもあります。『般若心経』を聞いて（読んで）此岸から彼岸へ渡るためにすぐに行動に移せた人々に「羯諦」と呼びかけます。すぐに行動に移せなかった人々に対しても「羯諦」と繰り返し呼びかけました。つまり、すべての人々に呼びかけているのです。「さあ、向こう岸に渡る動きを実践しよう」と。

仏教では此の岸を「娑婆」と呼んでいます。娑婆は苦しみの世界です。この娑婆世界で私達は他人に迷惑をかけて生きているのです。この迷惑は私達が努力すれば改善するような、皮相的な迷惑ではありません。この世に生きている限り他人に迷惑をかけ続けてしまう、仏教の考える迷惑とはそんな迷惑です。ちょうど私の身体にガン細胞ができてしまった状態です。本当に迷惑な話です。病院からガンであることを宣告された時、心の中で叫んだはずです。他人に迷惑をかけずに正直に生きてきた私が、なぜガンの病気になるのか、不平等である。本当にそう思います。その意見は間違いありません。だって正直に生きてきた当の本人が告白されますので、間違いのない事実です。だのにガンの病気を患ってしまった。これが娑婆世界の複雑さの表れです。『般若心経』では彼岸に渡るための智慧を説いていました。具体的には六波羅蜜の実践です。留まっていては問題解決になりませんので、「羯諦、羯諦」と行動を促しているのです。まさに「行動を起こさなければ何事も始まらない」ことを知るべきです。

ガンに負けない

お互いさま

私達は他人に迷惑をかけ続けているのだと考えると、他人から受ける迷惑を「お互いさま」と許すことができるのです。他人から受ける迷惑をじっと耐え忍ぶことを「忍辱」と呼んでいます。六波羅蜜の一つです。「羯諦」の呼びかけに対して、病気であるあなたは、病気が治ったら六波羅蜜を実践しようと考えているのではありませんか。『般若心経』は今すぐの実践を求めているのです。「病気が治ったらナニナニしよう」の条件闘争は、頭だけの理解で実行力が伴っていないといっているのです。治ったらきれいさっぱり忘れてしまうと、言っていることに他ありません。

病院のベッドの上も、立派な修行道場になります。ガンとしっかり対面することです。主治医は最良の薬を投与し、病院のスタッフは全力でサポートし、家族はあなたを支え続けてくれる。ガンで苦しんでいる足元ですが、少し考えを広げるとこのような違う足元も発見できます。忍辱というとあなたひとりがじっと我慢しているようなイメージがありますが、家族も耐え忍んでいるのです。なぜ正直に生きてきたあなたが、ガンになってしまったの、理不尽であると、叫びたいのをじっとこらえて、あなたと笑顔で接しているではありませんか。

忍辱はやせ我慢ではなく、お互いさまの心の安心を説いています。

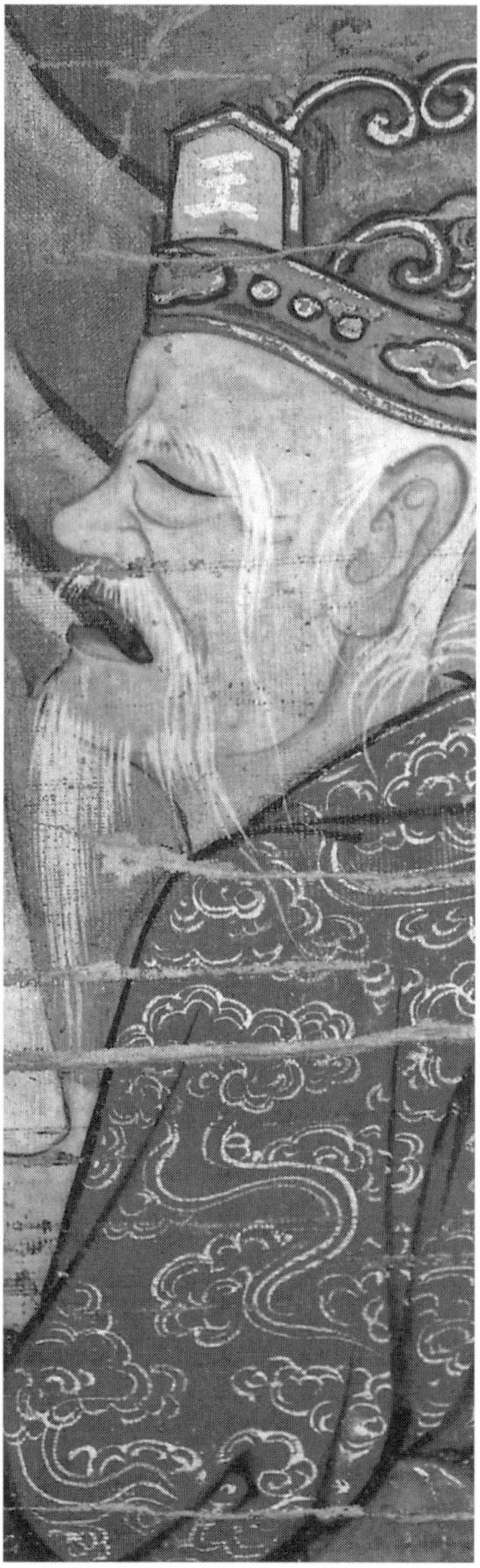

波《は》羅《ら》羯《ぎゃ》諦《あてい》

【読み下し】 波羅（はーらー）羯諦（ぎゃてい）

あなたの喜びは
私の喜び

【訳】
とらわれなき　安らぎの世界へ
迷いの世界（此岸）から悟りの世界（彼岸）へ行け

【語句解釈】
「波羅」は、彼岸で「向こう岸」を現わします。苦しみや悲しみの存在しない世界です。

説きほぐし（解説）

前節の「羯諦。羯諦。」は、『般若心経』を学んできた私達に呼びかけている言葉でした。強制ではなく自発的に気がつき、自分の意思で彼岸に渡ろうとする状態です。自分で気がつくのですから「自覚」の言葉（真言）です。それに対して「波羅羯諦」は、「他覚」の言葉（真言）です。道に迷っている人々、あるいは仏の言葉を聞いても聞き流し動こうとしない人々を、導こうとするのです。自分のことで精一杯の私たちは、他人のことなど構っていられません。動こうとしないのは自己責任ではないかとも思います。しかし、仏さまや菩薩さまはそれらの人々を置き去りにはしません。すべての人々を区別なく救い、そして導こうとしています（本当に尊い心持です。だから仏さまと呼ばれるのですね）。『上から目線』の発言は嫌われますが、「波羅羯諦」は、仏さま目線あるいは菩薩さま目線の言葉です。私達が使う言葉の中には、自分の感情が込められています。好き、嫌い。多い、少ない。常に起伏の激しい感情が込められています。たとえば六波羅蜜の「布施」を引き合いに出しますと、私達の「布施行」はいつもお返しを期待しています。他人から「ありがとう」の言葉の返礼を期待してしまいます。返礼がないと腹が立ってしまいます。せっかく尊い布施行を行ったのですが、かえってマイナスの行為になっています。ちょうどお中元やお歳暮のお返しにこだわるようなものです。あの人に贈り物をしても、こちらの得にならないと判断すると、贈り物をしなくなります。『般若心経』では、その常識（？）を捨てよと呼びかけています。施した方が「ありがとう」を感謝の気持ちを忘れずに、というものです。それは納得できないと思うのが私達ですが、「仏さま目線」の主張は逆になるようです。心を穏やかにして、もう一度「仏さま目線」の主張に耳を傾けてみると、「布施」が成立するためには、私の親切を受け止めてくれる相手が必要です。施す者が感謝の気持ちを忘れない。「ありがとう」の言葉は、仏さまの言葉です。「波羅羯諦」は、仏さま目線あるいは菩薩さま目線の真言（ダラニ）です。

閑話

無財の七施

布施というと、法事等で僧侶に差し出す「お布施」をイメージします。その中身はもちろん現金です。その現金をいくら包むのか悩ましいところです。出す方は少ない方がよいと思っていますし、もらう方は少しでも多くと考えています。「お布施」と書かれていますが、中身は妥協の産物です。金額の多さで、布施行の重さが変わるのであれば、お金持ちが断然有利になってしまいます。金額の優劣は、私達凡人の目線です。「仏さま目線」では、布施に感謝の心が込められているかが、重要な部分です。「お布施」は、中身の金額ではなく、法事を勤めることができて「有り難い」と心の中で叫ぶことです。子供達、孫達も、親類縁者も集ってお参りしてくれた。まさに相手が存在してから、法事を無事に務めることができたとの喜びです。でも、やはり最後はお金でしょ、と言われそうです。「お布施」も中身は現金。お参りの人々に粗供養や食事を振る舞えば、出費になりますよ。金銭にこだわっている私達に、金銭を用いなくてもできる布施行が用意されています。それが「無財の七施」です。文句ばかりを並べて、結局「布施行」を実践しない私達のために存在するようです。どうやら「布施行」を実行するのか、しないのかと、二者選択を迫られているのです。

「無財の七施」とは具体的に、

一、眼施（がんせ）　常に温かく優しい眼差しを施すこと
二、和顔施（わがんせ）　いつもニコニコ笑顔で接すること
三、言辞施（ごんじせ）　優しく時には厳しく叱る愛情のこもった言葉
四、身施（しんせ）　自分の身体を使い奉仕すること

五、心施（しんせ）　　心配り・気配り、思いやりの心を持ち、相手の立場になってみること
六、床座施（しょうざせ）　座席や場所、地位を譲ること
七、房舎施（ぼうしゃせ）　家や部屋を提供すること

「無財の七施」は、簡単にできそうで、いざ実行となるとこれが意外と難しい。やはり日常の過ごし方が大切なようです。怖い顔で一日を過ごすのではなく、笑顔で一日を過ごしていると、この「無財の七施」が身に付くようです。あわてて身に付けようと思っても付焼刃です。やはりなんでもない日常生活の過ごし方が、問われているのです。

入院中の笑顔

布施の大切さがよくわかった。無財の七施は、お金を使わずに実行できる。七施の「和顔施」の笑顔と「言辞施」の感謝の言葉を即実行だと、急に始めました。今まで看護士さんたちに文句ばかり言っていたのですが、態度の急変です。看護士さんたちも驚きます。そして陰でヒソヒソ話をします。「急にありがとうと言われて驚いた」「注射で手間取って、今まであれば、嫌味をさんざん言われたが、お世話になってありがとうと言われた」「感謝の言葉を○○さんから聞く

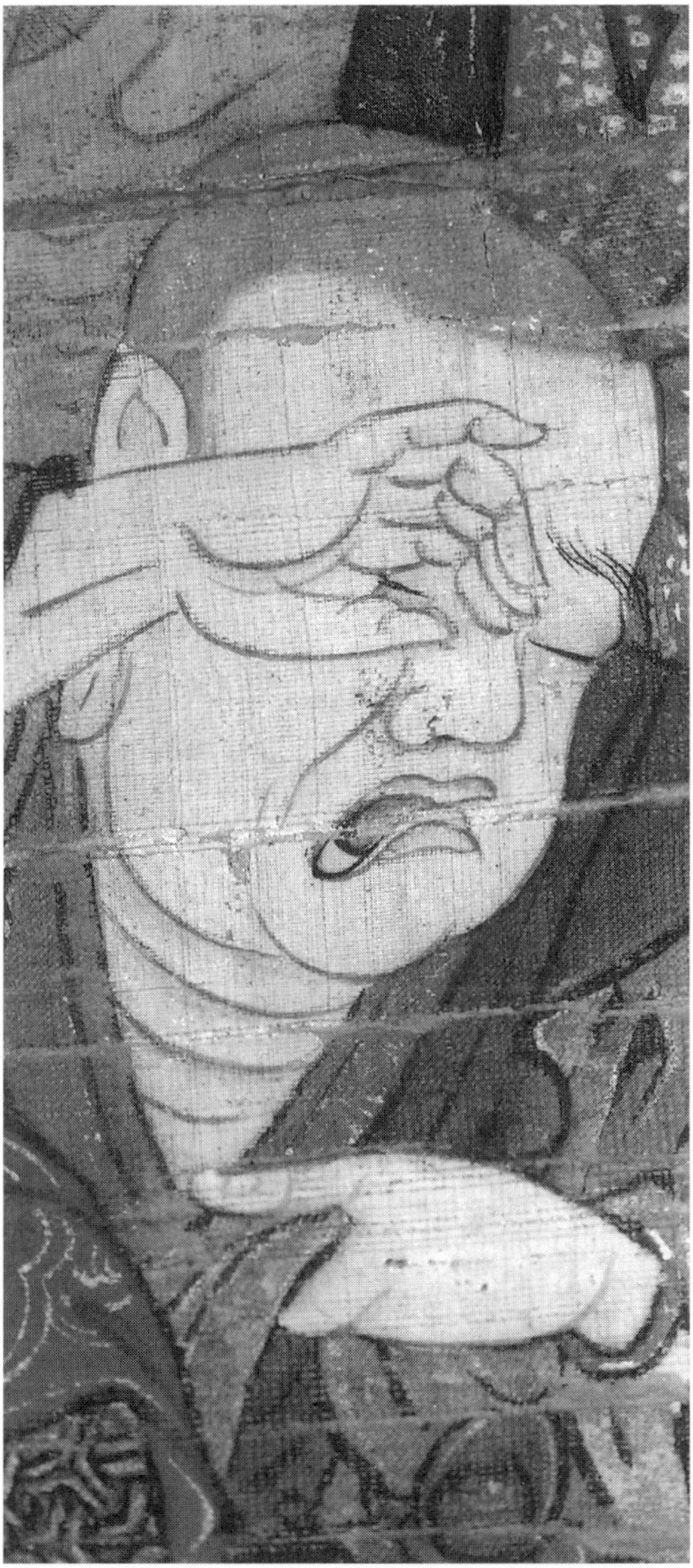

と気味が悪い」「死期が迫っているのかしら」等の陰口にあなたは、耐えられますか。感謝の言葉を使うとなぜ陰口が聞こえてくるのでしょう。それは入院して今まで、看護士さんたちに感謝の言葉を使わなかったからです。態度が横柄だったからです。でも、めげずに感謝の言葉を使い続ける決心が必要です。笑顔は周りの人を明るくする魔法の言葉です。同時に自分自身の心も明るくする言葉でもあります。

波羅僧羯諦《はらそうぎゃあてい》

ひたすら歩む姿に憧れを感じる

【読み下し】 波羅僧（はーらそー）羯諦（ぎゃてい）

【訳】
みんなと共に　行こう
悟りの世界に正しく行け

【語句解釈】
「僧」は、「正しい」「完全に」を示します。「波羅」は、向こう岸つまり彼岸を意味します。

説きほぐし（解説）

波羅僧羯諦は、「覚行円満」と訳されています。つまり、さとり（覚）と行動（行）が共に満たされている状態（円満）です。正しい彼岸に向かって歩み続けることを意味しています。戻りはしないという強い決意を携えているのです。

自分では「正しい」と思っているのですが、貪・瞋・癡・慢の煩悩にまみれている此の岸では、「正しい彼岸」の方向を手に入れることは困難です。自分自身の都合が判断材料の基準になりますので、仏さまの都合と狂いが生じます。面白い譬え話が残っています。船に乗って旅をしていた人が、誤って大事な剣を水中に落としてしまいました。旅人は落とした場所がわかるように、大急ぎで船に印をつけました。旅人は船が動いていることを失念していましたので、船に残した印は何の役にも立ちませんでした（舟に刻みて剣を求む）。

閑話

とんだ目じるし

田舎の寺から、用あって京へ出てきた和尚と小僧、せっかくなので少し京見物でもすることになり、和尚が小僧に言いつけました。

「京の家は、どれも似たような造りじゃ。しっかりと何か目じるしをつけておけよ」

「かしこまりました」

帰り道、案の定小僧の様子がおかしい。

「おい、どうしたのじゃ」

「いえ…、あの…、宿が…」

「迷ったのか。だから、ちゃんと目じるしをつけておけといったではないか」

「いえ…、目じるしはちゃんと…つけたのですが…」

「目じるしは何じゃ」

「たしかに、私どもの宿には、屋根に雀がとまっていたのですが…。今、見渡しましても、どこの屋根にも雀がいないのです」

「あほめ。そんなものが役に立つか」

舟に乗っている旅人も、京見物した小僧さんも、案外私達の姿かもしれません。自分では正しい行動と思っていますが、「正しさ」がずれています。ずれの最大の原因は、無常観の認識不足です。無常観は、命あるものは必ず滅し、形あるものは必ず崩れるというものです。『平家物語』の冒頭、「祇園精舎の鐘の声……盛者必衰の理をあらわす」や『白骨の御文』の「朝の紅顔、夕べの白骨」等を思い浮かべます。いずれも無常観をマイナスのイメージでとらえています。ここまで『般若心経』を学んできた私達は、無常観はマイナスのイメージではなく、プラスイメージで解釈をしなければなりません。それは無常観が裏打ちされた「而今《にこん》」を生きているからです。二度と経験できない「而今」を過ごしているからです。まさに無常の一日です。この一日を精一杯過ごそうと「波羅僧羯諦」は示しているのです。流行語で「今でしょう」というフレーズが流行りましたが、波羅僧羯諦は、「今でしょう」と訳することもできそうです。

菩《ぼ》提《うじ》娑《そ》婆《わ》訶《か》

感謝の言葉を使っていますか

【読み下し】 菩提（ぼーじー）娑婆訶（そわか）

【訳】
さとりに　幸あれ
悟りが完成するように　幸あれ

【語句解釈】
「菩提」は、「さとり」を示します。「娑婆訶」は、完成した喜びの言葉です。

説きほぐし（解説）

菩提娑婆訶は、物事が完成した感謝の言葉です。彼岸に到達できた喜びの言葉です。難関の入試に合格できた喜びの言葉であるとすると、この喜びは限られたエリートだけの言葉です。南伝仏教と北伝仏教の立場の違いを説明しました。南伝仏教はエリートを目指し、彼岸に到着する結果にこだわりました。北伝仏教は結果よりプロセス（過程）に価値を求めました。同じ方向を向いて、同じものを目指しているのですが、遥か彼方を見据えて足元のトラブルに気がつかないのか、足元をしっかり見つめ、しっかり一歩を運ぶのか。日本の仏教は北伝仏教の影響下にありますので、結果より道筋に価値を求める立場です。向こう岸に着く到着時間は何時なのか気になるところですが、一切を仏さまに委ねて向こう岸に向かって歩むことに専念する。それが「ボージーソワカ」と声高らかに叫ぶ喜びの姿です。向こう岸に到着したら、喜びの声を出そうと思っても、私たちにとっては向こう岸に到着できる保証はありません。いや一生かかっても到着できないのではないでしょうか。結果にこだわっていると、喜びの言葉と無縁になります。喜びの言葉は知っているのですが、使う機会のない状態です。

「菩提娑婆訶」は、感謝の言葉です。仏の教えに出会うことができた喜びの叫びです。『般若心経』は「差別するな」「こだわるな」と説いています。「色即是空」は、有名な一節ですが、色は空であるといっているのではありません。「色（様々な存在）を空とみなしなさい」と説いているのです。この岸は差別の世界です。だから空とみなして、こだわりを捨てるのです。男と女の差別があり、大きい・小さい、高い・低い、きれい・汚い……差別のオンパレードです。『般若心経』は私達に「空」とみなすようにと説いています。差別あるものを「空」とみなすのですから、それは差別にこだわるなといっているのです。こだわりを捨てると、感謝の言葉が使いやすくなります。感謝の言葉が身に付く状態になります。その状態を皆と一緒に目指すのです。

般若心経《はんにゃしんぎょう》

【読み下し】 般若（はんにゃ）心経（しんぎょう）

欲望はほどほどに

【訳】
ここに智恵のお経をおえる
いつかは滅びる、だから今がいとおしい

【語句解釈】
「経」は、サンスクリット語で「スートラ」といいます。「縫う、貫く」の意味があります。

説きほぐし（解説）

読み進めてきた『般若心経』も最後になりました。ここで『般若心経』を少し振り返ってみたいと思います。『般若心経』は冒頭で、観音さまが登場されて般若波羅蜜を実践することにより、苦しみを克服された体験を述べられています。だから私達も観音さまを見習って「般若波羅蜜」を実践して苦しみを克服しなさいと呼びかけています。呼びかけの言葉は「彼岸に渡る智慧」「彼岸の智慧」「智慧の完成」でした。

次に観音さまは舎利子に「こだわりを捨てろ」と呼びかけます。舎利子は煩悩を克服しようとやっきになって修行をしている私達の姿でもあります。舎利子の修行は一向に成果が上がりません。もともと煩悩は「空」（実体がない）だから、こだわる必要がないものを相手にしていたからです。

「こだわりを捨てる」ことにより煩悩を克服するのです。この「空」の解釈が『般若心経』の中心テーマです。観音さまは「空」の解釈を推し進めることにより、南伝仏教の教理体系を否定されました。南伝仏教の教理体系は「五蘊」「十二処」「十八界」「十二縁起」「四諦」でした。すべての項目に対して「こだわらない」という立場を明確にされました。

次いで、過去・現在・未来の仏たちも般若波羅蜜の教えによって、あらゆる苦しみを克服したと説いています。最高の悟り、究極の悟りを与える『般若心経』は、素晴らしい教えであると宣言しています。その素晴らしい効用を具体化する言葉（咒）を最後に紹介しています。

『般若心経』の具体的実践項目は「少欲」。欲望を少なくする、まさに程よい欲望のすすめです。自分の心の穏やかさのために、是非とも身に付けたい心持ちです。幸せになる方法を、知識に留めずに実践項目として取り扱いましょうと、『般若心経』は最後にそのように呼びかけています。

第六章

仏教興隆《ぶっきょうこうりゅう》

発想の転換を求めて

「幸せになりたい」と願いを持つことは大切なことだ。願いを持っているから人間らしく生活をすることができる。願いを忘れると、たちどころに人間でありながら獣と同様の姿になる。だから願いは、心が暴走しないためのブレーキ装置である。「幸せになりたい」の言葉の前に「大切な人と共に」の言葉を入れると、もっと明確な願いになる。仏の願いは「すべての人と共に」の言葉が入る。

『羯諦、羯諦、波羅羯諦、波羅僧羯諦』のまとめ

パソコンで「いく」と入力して次に変換を押しますと、候補の文字が出てきます。『羯諦、羯諦、波羅羯諦、波羅僧羯諦』の真言の訳にふさわしい文字はどれが、パソコンの変換能力を利用して考えてみたいと思います。さすがパソコンです。候補の文字をたくさん示しますが、前後の意味を考え、行く、往く、逝く、の三つに絞りました。

行く「羯諦、羯諦」

此岸から彼岸に「行く」という動きは、彼岸から眺めますと「来る」という動きになります。眺める立場が違えば、同じ動きでも使う言葉が異なるのです。中・高一貫校では、中学の在校生は三月に三年生を卒業式で盛大に送り出します。その三年生を四月には高校の生徒は新入生として迎え入れます。一貫校ですので、生徒の顔ぶれはほとんど一緒です。一緒の仲間が卒業生として出て行き、新入生として入って来るのです。「羯諦、羯諦」の部分は、このことを示しているのです。「羯諦、羯諦」は、「行く、来る」と訳すことができます。「行こう、行こう」と訳すより、「行く、来る（皆で行こう、皆が来たよ）」と訳した方が、羯諦の文字が二度重ねて使われている意味がより

明確になります。

往く「波羅羯諦」

「往く」は、往復の文字が示すように、帰ることが保障されています。往復切符は、帰りの切符も手元に持っています。いや帰りの切符が存在するから、往復切符になります。同じところを往復しても、別々に切符を購入しますと、往復切符にはなりません。最初から往復切符として購入する必要があります。彼岸と此岸の間を往復切符を懐に入れて、行ったり来たり（羯諦、羯諦）する人は、菩薩さまです。一人でも多くの人を此岸から彼岸に導くことを使命としています。彼岸に向かって一向に動き出さない私達に向かって菩薩さまは「動きはじめようや」と親切に問いかけます。何度も何度も私達が動き出すまで、問いかけ続けてくれる存在です。人生、チャンスは一度と教えられている私達には、菩薩さまの根気のよさは、有り難い存在です。仏さまは三度のチャンスを与えてくれると考えられていますが、菩薩さまのチャンスは無限です。しかしその無限のチャンスに甘えてばかりでは、足元は一向に変わりません。「そうだ、彼岸に向かって歩み始めよう」と自分自身で決心しなければなりません。自覚の芽が出るまで、菩薩さまは私達に寄り添っていてくれます。動きはじめた私達の姿を見て「こっちに来るよ」と多くの仲間が喜びの声を上げたのが、この「波羅羯諦」です。

逝く「波羅僧羯諦」

亡くなることを「逝去」といいますし、亡くなった人の行き先を願う言葉として「極楽往生」の言葉も存在します。「往く」は往復切符でしたが、この「逝く」は、片道切符です。私達の死も、二度と復活することはありませんので、生まれた時に与えられた切符は、片道切符です。私達は、切符の行き先は当然「極楽行」の切符と思っていますが、本当に自信を持って「極楽行」と断定できますか。また、自分一人が「極楽行」の切符を握りしめ、家族や仲間の存在をないがしろにしますか。自分一人の安寧を願う人の握りしめる切符が、本当に「極楽行」であろうか。大いに疑問が生じます。実はこの片道切符の行き先は、白紙なのです。自分で自由に行き先を記入するシステムになっています。『今度生まれ変わっても夫婦でありたい』と願うのですが、はたしてそんなにうまくいくでしょうか。手元にある切符に太い文字で目立つように「今度生まれ変わっても夫婦でありたい」と記入しなければならないようです。何だか神社の絵馬状態です。願いを一生懸命に絵馬に記入しますが、叶う場合もあるし、叶わない場合もあります。同様に、手元にある切符に行き先を記入しても、叶う場合もあるし、叶わない場合もあります。強い願望があるのなら、生きているうちに願いが叶うように準備を始めるべきです。元気なうちに願いに向かって歩み始める行動が肝心です。

『般若心経』を一緒に読み進めてきた読者の皆さまは、この片道切符に感謝の言葉を記入して、記入したことを契機として、感謝の言葉を使い始めるでしょう。その状態が「波羅僧羯諦」です。「羯諦、羯諦」が、自覚を意味し、「波羅羯諦」が、自覚の反対、他覚を意味します。自覚と他覚が満ちた状態を「波羅僧羯諦」と表現して、覚行円満を意味します。

ガンに負けない

病院の待合室

行く・往く・逝く、の違いを学びましたが、病気のわが身に当てはめてみると明確になります。体調が悪くなりますと、私達は病院に「行く」のです。病院の先生の立場は、患者さんが「来た」のです。同じ状態を、立場が違えば違う表現になります。精密検査の結果ガンが発見されて、処置のために入院です。元気で退院することを願って、入院します。片道切符ではなく、当然「退院する」という往復切符を持っているつもりです。ここで「往く」と「逝く」の分かれ目が生じます。「逝く」の方向は、家族や友人との永遠の別離を意味します。死ぬことを願って入院する人はいません。皆元気に退院することを願っています。つまり「往く」を目指しているのです。退院しても、しばらく外来に通院する必要がありますので、病院と自宅を「往く」という状態が続きます。私も白血病で入院し、退院して二年経過しましたが、いまだに二週間に一度、血液内科に通院し続けています。「往く」と「逝く」の選択であれば、「往く」の状態を有り難いと思いつつ、通院しています。

ところで、病院は本当によく待たされるところです。時間が約束してあっても、診察が遅れていて「六十分遅れ」の表示が出ます。会計の窓口で待たされますし、院内薬局でも十分に待たされます。私は外来の日は、忍耐を学ぶ日であると割り切りました。待合室で何時ものように順番を待っていると、待合室で突然怒り出すご老人がいました。最初はびっくりしたのですが、二年間通院するとよく見かける風景になりました。ご老人の怒りは「何時まで待たせるのだ」というものです。通院の初心者の怒りです。もっともな主張です。看護士さんや事務の人がなだめますが、大声を出しても順番が早くなることはありません。ご老人は、大声を出して少し落ち着いたのか、待合室の椅子に座ります。そして自分の番が来るまで、忍耐です。病院では、忍耐あるのみです（病院は忍耐を学ぶには、最高の環境です）。「逝く」の選択をされると、たまりませんので、この病院の忍耐も楽しいものと、発想を転換して待たなければ……。

「咒」の活用

『般若心経』は最後に「咒」を紹介しています。咒は幸せの言葉、幸せになるための言葉です。具体的には「ありがたい」「もったいない」「おかげさま」の感謝の言葉です。あなたはこの咒の部分をどのように訳しますか。「えー、勝手に自分流に訳していいのですか」と疑問の声が聞こえて来そうですが、「そのこだわりを捨てよ」と学びましたので、あなただけのオリジナルの「咒」を作ってもよいのです。そのために、まず先人の訳を学ぶ必要があります。

訳文を紹介します。

羯諦。羯諦　　行こう。行こう
波羅羯諦　　とらわれなき　安らぎの世界へ
波羅僧羯諦　　みんなと共に　行こう
菩提娑婆訶　　さとりに　幸あれ

羯諦。羯諦　　悟りに往ける者よ。往ける者よ
波羅羯諦　　迷いの此岸から、悟りの彼岸へ行け

波羅僧羯諦　悟りの世界に正しく行け
菩提娑婆訶　悟りが完成するように　幸あれ

道元禅師が著されました『正法眼蔵《しょうぼうげんぞう》』の中に『摩訶般若波羅蜜』の巻があります。興味のある方はお読みください。パソコンで検索をかけても手軽に読むことができます。その中で『風鈴の偈』があります。風鈴は、寺院の伽藍の屋根の軒下にぶら下がっているものです。「ふうりん」では、一般家庭の軒下のモノになりますので、「ふうれい」と呼んでいます。如浄禅師（道元禅師の師匠）の偈に道元禅師が解説を加えておられます。四行の短い偈ですので紹介します。

先師古仏云
渾身似口掛虚空　不問東西南北風
一等為他談般若　滴丁東了滴丁東
これ仏祖嫡々の談般若なり。渾身般若なり、渾他般若なり、渾自般若なり、渾東西南北般若なり。

訳は、
先師古仏（如浄禅師）が言われた
（風鈴は）身（からだ）全体が口で、虚空にぶら下がっている
東の風か、西の風か、南の風か、北の風かを問題にすることはない。

一等（ひとしく）他（あいて）と一体になって般若を語る、
チチンツンリャン、チチンツン。
これが仏祖の正統のあとつぎからあとつぎに伝わった般若を談ずる断じ方である。（我々の）全身が般若であり、（自分の）他（ほか）のもの渾（すべて）般若であり、自分自らの渾（すべて）が般若であり、東西南北の渾（すべて）が般若である。

（水野弥穂子著『道元禅師全集』春秋社）

入院中、水野先生の『道元禅師全集』を枕元に置いて時々読んでいました。この部分を読み返していると、この偈が「ギャーテー、ギャーテー」と見えてきました。偈の四行目は、漢字に意味があるのではなく、その音を並べると風になびく風鈴の音になります。だから『般若心経』の咒のイメージとダブったのかも知れません。「ギャーテー」には、此岸から彼岸に向かう動きを「向こう岸に行く（往く）」と言いました。同じ動きを彼岸から眺めると「こちらの岸に来る」と表現することができます。「行く」と「来る」は同じことを言っているのです。「ギャーテー、ギャーテー」は、彼岸に行こう、彼岸に来たよと訳すことができます。

道元禅師も「渾身」の文字を用いて、同じことを説いています。お寺の軒下にぶら下がっている風鈴がガラン、ガラン（チチン…とは聞こえない日本製と中国製の違いがあるのだろうか？）と鳴っている状態を渾身般若と表現しています。心を虚空にして全身全霊で、ガラン、ガランと鳴っています。道元禅師はその姿を、懸命に修行する坐禅と見ました。道元禅師の坐禅観は、坐禅＝悟りです。その境地を、「只管打坐《しかんたざ》、修証一如《しゅしょういちにょ》、修証一等《しゅしょういっとう》」と示されています。私達は今、此岸から彼岸に向かって歩み続けています。此岸から眺めると「行く」といいますし、彼岸から眺めると「来る」と表現します。同様に坐禅三昧の状態、ひたすら坐禅をしている状態は、自他一如、自他一等の境地です。偈では渾他（他がすべて）般若、渾自（自がすべて）般若と示しています。修証一等を用いるならば、渾修（修がすべて）般若、渾証（証がすべて）般若と表現しても構わないのです。吹く風も、無常の非風は気に入らないと選別しません。あらゆる風をそのまま受け入れます。主体性がないではないかと、批判を受けますが、受け入れる大前提がありました。それは仏教を信じているからです。仏教徒であるからです。無常観と縁起を心の支えと信仰しているからです。ガラン、ガランと音がする、それは風と風鈴とそれを聞く自分も他人も、すべての命が等しく聞いている（立場を変えると談じている）。色即是空、空即是色の世界です。

偈の三行目「一等為他」は、等しく他のためにと読みますが、何かのためにと行動しますと、ご利益を求める動きになり道元禅師の坐禅観から外れます。水野先生は「等しく相手と一体になって」と訳されています。「みんなと共に　行こう」と呼びかける「波羅僧羯諦」のイメージにダブります。『般若心経』の呪と道元禅師が紹介された偈を並べて見ますと

羯諦。羯諦　　渾身般若　渾他般若、渾自般若
波羅羯諦　　渾東西南北般若
波羅僧羯諦　　談般若

菩提娑婆訶　　ただ心地よい音がする

さて、ここからあなた独自の咒の訳文を考えてもらいたいと思います。子供や孫に遺す言葉です。遺言です。ガンを克服して元気になることを目指しているのに、遺言など縁起が悪いと考えた方はもう一度この本を読み返す必要がありそうです。人間ガンを患わなくてもいつかは死を迎えます。その原因がガンか、事故か、老衰か。とにかく命には限りがあります。頭が十分に働く間に、脳細胞が元気な間に、咒の訳文を考えてください（提出期限は自己申告）。

ただひたすらの坐禅、その道を生涯ぶれずに歩み続けられた道元禅師であれば、

　掲諦。掲諦　　坐禅。坐禅
　波羅掲諦　　ひたすら坐禅
　波羅僧掲諦　　古仏も坐禅
　菩提娑婆訶　　我も坐禅。ありがたし

と訳されるであろうか。

私は

　掲諦。掲諦　　感謝。感謝
　波羅掲諦　　みんなに感謝
　波羅僧掲諦　　七重に感謝

菩提娑婆訶　「ありがとう」

と訳しました。

七重は家内の名前です。私の入院中（無菌室で面会に制限がありました）一日二度、毎日私の世話に病室に通ってくれました。その期間は九か月間、一日も休むことなく毎日でした。面会時間は一回一時間。私の世話と激励と世間話と笑顔と孫の成長の様子を運んでくれました。私の入院が一年、二年と長引いたとしても、おそらく毎日、一日二度、病室に顔を出してくれるはずです。こちらはただ感謝のみです。よく考えると、この関係は私が病気になって無菌室から出ることができなくなったから急遽構築した関係ではありません。日頃から家内には世話をかけどうしの間柄です。寺に住み、寺の収入で生計を立てていますので、三度の食事は寺で食べます。いつもそばに家内がいます。洗濯やお寺の掃除、法要の衣の準備、家内がてきぱきとしてくれます。お互いが元気な時の状態の延長が、今の病室の関係であることに気が付きました。入院中のある日、家内は私の着替えを手伝ったら椅子に座り居眠りを始めました。お寺の仕事で疲れたのであろうと思いそのままにしておきました。面会時間の一時間はたちまち過ぎていきます。「おい、帰る時間だよ」と声をかけると、「あら、居眠りをしていた。また明日」と帰ってしまいました。面会に来ないでお寺で身体を休めた方がよいと思うのですが、家内にとってそれでは精神的に安心できないのでしょう。自分の目で自分の肌で自分の五官で、相手の無事を確認したいのです。私は病室で一方的に家内の世話になり家内に支えられていると考えていましたが、私が無事に病室で過ごしていることは、家内の精神的支えになっていることでもあります。仏教の説く「縁起」の世界です。お互いに支え合うことができる喜びに感謝したいものです。私は「羯諦」を感謝と訳しました。最後は感謝の言葉である「ありがとう」とカッコを付けて、感謝の言葉を使う実践とそれを続ける決意を示しました。

あなたの独自の「咒」の解釈をお書きください。原文は「羯諦」が四度出てきてリズムよい言葉になっています。あなたの訳文にリズムがあれば素晴らしい訳文になります。

羯諦。羯諦　（　　　　）。（　　　　）

波羅羯諦　（　　　　）

波羅僧羯諦　（　　　　）

菩提娑婆訶　（　　　　）

（了）

あとがき

『般若心経』を皆さまと読み進めてまいりましたが、とうとう「あとがき」になってしまいました。本の読み始めがあれば、本の読み終わりの時が巡ってきます。私達の命と同じです。この本では「無常」の言葉として学びました。この無常に対抗する方法は、無常をそのまま受け入れることでした。特別扱い、それも自分だけという「エゴ」を持たないことでした。お互いに、欲望を小さくして、心を軽くして過ごしたいものです。

もう一つ強烈に感じることとは、なぜ読書のあなたは、この本を選びそして読んでくれたのかということです。それこそ本屋には多くの本が並べてあったはずです。「仏教書に興味があった」「タイトルの『ガン患者』の文字が気にかかった」など、様々な意見が存在するでしょう。「なぜ、なぜ」と、深く追及されると、最後は答えに窮してしまうのではないでしょうか。私の立場から考えると、なぜ選んでくれたのかさっぱり不明です。この本の隣には、きっと著名な方の『般若心経』の解説本があったはずです。『般若心経』を学んだ読者は「きっと縁があったのだ」といわれると思います。まさにその通りです。理解不能の「縁」が、あなたと私の間には存在したのです。この本を読み進めて、縁によって起こる現象は、良き縁になるようにプラス思考で対応すると、幸せが増大することも学びました。この本との「ご縁」を一度でなく、何度も読み返す（往く「波羅羯諦」）ことにより、本とのご縁を育てていただきたいと願っています。

この本の最初に「終末医療の意思表示」を掲載しました。読み終わって記入する覚悟ができたら、ご利用ください。

最後になりましたが、出版にあたりサンライズ出版の藤本秀樹さんにお世話になりました。感謝、多謝。

釈尊遠孫　清巌道雄　誌

参考文献

『道元禅師全集(1)　正法眼蔵1』　水野弥穂子訳　春秋社
『正法眼蔵を読む1』　春日佑芳著　ぺりかん社
『道元』　春日佑芳著　ぺりかん社
『般若心経入門』　松原泰道著　祥伝社
『般若心経のすべて』　花山勝友著　光文社
『ひろさちやの般若心経88講』　ひろさちや著　新潮社
『これが仏教』　ひろさちや著　PHP研究所
『布教に活かす仏教譬喩説話集』　青山社
『仏教概論―わかりやすい仏教―』　曹洞宗宗務庁

ガン患者のための般若心経《はんにゃしんぎょう》

—発想の転換を求めて—

2015年4月8日　発行

著　者　桂川　道雄

〒520-0046 滋賀県大津市長等1丁目4-23

青龍寺

TEL 077-522-6310　FAX 077-522-0865

発行者　岩根　順子

発　行　サンライズ出版株式会社

〒522-0004 滋賀県彦根市鳥居本町655-1

TEL 0749-22-0627　FAX 0749-23-7720

ISBN978-4-88325-565-8

定価はカバーに表示しています

乱丁、落丁本はお取り替えいたします

摩《ま》訶《か》般《はん》若《にゃ》波《は》羅《ら》蜜《みっ》多《た》心《しん》経《ぎょう》

観《かん》自《じ》在《ざい》菩《ぼ》薩《さつ》　行《ぎょう》深《じん》般《はん》若《にゃ》波《は》羅《ら》蜜《みっ》多《た》時《じ》　照《しょう》見《けん》五《ご》蘊《うん》皆《かい》空《くう》

度《ど》一《いっ》切《さい》苦《く》厄《やく》　舎《しゃ》利《り》子《し》　色《しき》不《ふ》異《い》空《くう》　空《くう》不《ふ》異《い》色《しき》

色《しき》即《そく》是《ぜ》空《くう》　空《くう》即《そく》是《ぜ》色《しき》　受《じゅ》想《そう》行《ぎょう》識《しき》　亦《やく》復《ぶ》如《にょ》是《ぜ》

舎《しゃ》利《り》子《し》　是《ぜ》諸《しょ》法《ほう》空《くう》相《そう》　不《ふ》生《しょう》不《ふ》滅《めつ》　不《ふ》垢《く》不《ふ》浄《じょう》

不《ふ》増《ぞう》不《ふ》減《げん》　是《ぜ》故《こ》空《くう》中《ちゅう》無《む》色《しき》　無《む》受《じゅ》想《そう》行《ぎょう》識《しき》

無《む》眼《げん》耳《に》鼻《び》舌《ぜっ》身《しん》意《い》　無《む》色《しき》声《しょう》香《こう》味《み》触《そく》法《ほう》　無《む》眼《げん》界《かい》

乃《ない》至《し》無《む》意《い》識《しき》界《かい》　無《む》無《む》明《みょう》　亦《やく》無《む》無《む》明《みょう》尽《じん》　乃《ない》至《し》無《む》老《ろう》死《し》

亦《やく》無《む》老《ろう》死《し》尽《じん》　無《む》苦《く》集《しゅう》滅《めつ》道《どう》　無《む》智《ち》亦《やく》無《む》得《とく》